100 FAITS INCROYABLES

de l'histoire

Des dinosaures à la
Deuxième Guerre mondiale

Les P'tits Pirates Éditions

100 faits incroyables de l'Histoire
ISBN : 9798862376500
Tous droits réservés – Copyright ©2023
Les P'tits Pirates Éditions
Mise en page : @Canva

Tout le contenu de ce volume est protégé par le droit d'auteur. La retransmission, la réimpression et la traduction sont interdites, sauf autorisation écrite de l'auteur.

CE LIVRE APPARTIENT À

Les P'tits Pirates Éditions

BIENVENUE CHEZ LES P'TITS PIRATES !

NOUS SOMMES TRÈS HEUREUX DE TE RENCONTRER ET ESPÉRONS QUE TU VAS PASSER UN AGRÉABLE MOMENT EN NOTRE COMPAGNIE !

NOUS TE PROPOSONS ICI DE DÉCOUVRIR PLUS DE 100 HISTOIRES INCROYABLES DE L'HISTOIRE, DES DINOSAURES À LA DEUXIÈME GUERRE MONDIALE. ET ON TE PROMET UNE CHOSE : TU NE VAS PAS T'ENNUYER !

PEUX-TU TOUTES LES LIRE ?

BIEN SÛR !

ALORS, C'EST PARTI !

Les P'tits Pirates

LES DINOSAURES

1 Le plus grand géant de tous les temps

Cela ne t'étonnera sans doute pas si l'on te dit que la plus grande créature qui ait jamais vécue sur Terre est un dinosaure... Logique, non ? Plus précisément, il s'agit de l'Argentinosaurus. Imagine-toi une créature aussi longue que trois autobus et aussi lourde qu'environ douze éléphants. Il a vécu il y a environ 94 à 97 millions d'années dans ce qui est aujourd'hui l'Argentine, où l'on a retrouvé son squelette. L'Argentinosaurus avait un cou incroyablement long qui lui permettait d'atteindre des feuilles en hauteur dans les arbres pour se nourrir. Car oui, heureusement, c'était un herbivore, ce qui signifie qu'il se nourrissait uniquement de plantes. Il faisait partie de la famille des sauropodes, comme le Diplodocus que tu connais peut-être, c'est-à-dire un groupe de dinosaures caractérisés par leurs longs cous, leurs longues queues et leurs énormes corps. Sa taille et son poids ? 30 à 35 mètres de long et environ 70 tonnes ! Un beau bébé, non ?

2 L'Usain Bolt des dinosaures

Après le plus gros, on te présente le dinosaure le plus rapide : le Dromiceiomimus, qui vivait il y a environ 75 à 77 millions d'années, en Amérique du Nord. Sa taille était d'environ 3 à 4 mètres de long, ce qui en faisait un dinosaure de taille moyenne. Mais ne te laisse pas tromper par sa taille modérée, car grâce à ses longues jambes légères et ses pieds adaptés à la course, sa vitesse était impressionnante. On estime qu'il pouvait atteindre des vitesses allant jusqu'à 60 km/h ! Sa morphologie était adaptée à la course : ses membres postérieurs étaient longs et puissants, tandis que ses membres antérieurs étaient plus courts. Il avait également un corps léger, ce qui devait l'aider à économiser de l'énergie lorsqu'il courait. Le Dromiceiomimus avait un crâne relativement petit avec une mâchoire sans dents, suggérant qu'il se nourrissait principalement de plantes et peut-être d'insectes.

3 Un nom imprononçable

Répète après moi : "Micropachycephalosaurus". Oui c'est bien cela, "Micropachycephalosaurus". Même les savants qui étudient les dinosaures ont du mal à le prononcer ! Alors oui, ce nom peut sembler compliqué, mais il veut dire en réalité quelque chose de simple : "petit lézard à tête épaisse". Cela fait référence à sa petite taille et à son crâne épais. Qui était-il ? Le Micropachycephalosaurus était un dinosaure bipède, ce qui signifie qu'il marchait sur ses deux pattes arrière. Il était relativement petit, avec une longueur d'environ 2 à 2,5 mètres et vivait en Chine. On pense que ces crânes épais pouvaient être utilisés pour des affrontements entre mâles, pour obtenir l'attention des femelles, ou peut-être pour la défense de leurs territoires.

4 Une énorme météorite

Tu sais sans doute que les dinosaures ont disparu il y a bien longtemps. Leur extinction est aujourd'hui l'un des événements les plus fascinants et discutés de l'histoire de la Terre. En effet, il y a environ 65 millions d'années, à la fin de la période du Crétacé, quelque chose s'est produit qui a conduit à la disparition soudaine et massive de nombreuses espèces, y compris les dinosaures. Plusieurs théories sont proposées pour expliquer cette extinction mais l'hypothèse la plus vraisemblable suggère qu'un astéroïde massif ou une météorite a frappé la Terre près de la péninsule du Yucatan, au Mexique, formant ce que l'on appelle aujourd'hui le cratère de Chicxulub. Cet impact colossal a a soulevé une énorme quantité de poussière et de débris dans l'atmosphère, bloquant le soleil pendant des mois voire des années. Cela aurait perturbé le climat et l'écosystème, entraînant des conditions difficiles pour les plantes et les animaux, et donc pour les dinosaures.

L'ère des dinosaures

Les dinosaures ont vécu pendant une ère géologique appelée le Mésozoïque, qui s'est étendue d'environ 252 millions d'années à 65 millions d'années avant notre ère. Le Mésozoïque est divisé en trois périodes principales :

- **Le Trias** : De 252 à 201 millions d'années. C'est au cours du Trias que les premiers dinosaures sont apparus.
- **Le Jurassique** : De 201 à 145 millions d'années avant notre ère. C'est à cette époque que les dinosaures ont prospéré et se sont diversifiés.
- **Le Crétacé** : De 145 à 65 millions d'années avant notre ère. C'est à la fin de cette période que les dinosaures ont connu leur extinction.

5 Le plus grand œuf du monde

As-tu déjà vu un œuf d'autruche ? C'est gros, non ? Pourtant, ce n'est pas le plus gros œuf qu'on ait retrouvé sur Terre ! En effet le plus gros a été découvert en Antarctique, la région la plus froide de la Terre, en 2011. Pour te donner une idée, il mesurait 30 cm de longueur et pesait 6,5 kg, ce qui correspond à environ 100 œufs de poule. De quoi faire une belle omelette ! Bien que nous n'en sommes pas sûrs, il s'agirait d'un œuf de mosasaure, un reptile marin géant qui vivait entre 100 et 65 millions d'années. Les mosasaures étaient des reptiles de grande taille, avec des corps allongés et fuselés, semblables aux dauphins modernes. Ils pouvaient atteindre des longueurs allant jusqu'à 17 mètres et leurs mâchoires étaient équipées de dents pointues, idéales pour attraper des proies dans l'eau.

6 Certains animaux ont connu les dinosaures

Oui, il existe des animaux qui ont réussi à survivre depuis l'époque des dinosaures jusqu'à nos jours, malgré les changements climatiques et les événements géologiques qui ont eu lieu au fil des millions d'années ! Ainsi, les crocodiles sont des reptiles préhistoriques qui ont coexisté avec les dinosaures. Ils ont survécu à l'extinction et sont toujours présents dans diverses régions du monde. Leur anatomie et leur comportement ont à peu près conservé leur apparence d'avant, ce qui signifie qu'ils ont très peu changé. C'est le cas également des tortues qui vivaient bien avant l'ère des dinosaures. C'est grâce à leur mode de vie aquatique que ces espèces ont pu survivre au cataclysme provoqué par la météorite. De la même manière, requins, nautiles et méduses ont eux aussi traversé les âges. Parmi les insectes qui ont connu les dinosaures, on trouve notamment les libellules. Mais leurs cousines préhistoriques pouvaient atteindre des tailles bien plus importantes que celles que nous connaissons : jusqu'à 70 cm ! On n'a pas envie de les croiser, n'est-ce pas ?

7 Un dinosaure pas plus gros qu'une poule

Non, tous les dinosaures ne sont pas des géants ! Ainsi le Compsognathus est l'un des dinosaures les plus petits qui existait : il mesurait seulement 70 cm de longueur, soit à peu près la taille d'une grande poule. Mais malgré sa petite taille, il était parfaitement adapté à sa vie de prédateur. En effet, il possédait des pattes arrières fortes et allongées et des pattes avant plus courtes, ce qui indique qu'il se déplaçait principalement sur deux pattes. Ses mâchoires étaient remplies de petites dents pointues et il se nourrissait probablement d'insectes, de petits animaux et peut-être de petits vertébrés. Le Compsognathus avait également une longue queue qui aidait à équilibrer son corps lorsque celui-ci courait après sa proie ou fuyait un prédateur.

8 Le plus grand prédateur de tous les temps

Je suis sûr que lorsque l'on te parle du plus grand prédateur de tous les temps, tu penses au terrible T-Rex ! Eh bien, non ! L'un des plus grands carnivores aquatiques et terrestres qui ait jamais existé est le Spinosaurus. Le Spinosaurus vivait il y a environ 112 à 93 millions d'années, dans ce qui est aujourd'hui l'Afrique du Nord. Ce prédateur massif vivait aussi bien dans l'eau que sur terre et pouvait mesurer jusqu'à environ 15 à 18 mètres de long, voire peut-être plus. L'une de ses caractéristiques était sa crête osseuse allongée sur le dos, qui ressemblait à une voile. Le Spinosaurus avait un museau long et étroit, semblable à celui d'un crocodile, et des dents robustes qui étaient idéales pour attraper et manger des poissons. Cependant, il avait également de puissantes griffes et des pattes avant développées qui indiquent qu'il pouvait aussi marcher sur terre et chasser des proies terrestres.

Heureusement, qu'il a disparu, n'est-ce pas ?

9 Les dinosaures ne savaient pas voler

Tu as peut-être déjà entendu parler de dinosaures qui volaient. Eh bien, c'est faux ! Les dinosaures étaient un groupe diversifié de reptiles, mais aucun d'eux n'avait cette capacité. En revanche, il y en avait quand même un qui savait planer, c'est l'Archaeoptéryx. L'Archaeoptéryx vivait il y a environ 150 millions d'années dans ce qui est aujourd'hui l'Allemagne. Bien que l'Archaeoptéryx ne pouvait pas voler de la même manière que les oiseaux modernes, il avait des ailes recouvertes de plumes, ce qui indique qu'il était capable de planer et de sauter d'arbre en arbre. Ses ailes étaient semblables à celles des oiseaux, mais ses os étaient plus denses et son squelette ressemblait davantage à celle des dinosaures terrestres.

Ainsi, les chercheurs pensent qu'il ne volait probablement pas sur de longues distances comme les oiseaux actuels, mais plutôt qu'il glassait et planait d'une branche à l'autre.

10 Où sont passé les dinosaures ?

Un tiers, soit un dinosaure sur trois, n'aurait en réalité jamais existé ? Comment est-ce possible ? Simplement car au début de la paléontologie des dinosaures, certains jeunes spécimens ont été classés comme une espèce de dinosaure à part alors qu'il s'agissait de jeunes dinosaures d'une espèce déjà connue. Aujourd'hui, avec nos meilleures connaissances, les chercheurs ont réalisé que ces différences étaient liées à l'âge et non à des espèces distinctes. Un exemple notable est le Tricératops, où certains jeunes spécimens ont été identifiés comme une espèce différente appelée Torosaurus. Cependant, il est désormais largement accepté que Torosaurus et Tricératops sont en fait une seule et même espèce, simplement à différentes étapes de sa vie.

Penses-y la prochaine fois que tu liras un livre sur les dinosaures !

11 Le tyrannosaure avait une cervelle d'oiseau

Tu connais sans doute le Tyrannosaure rex, souvent abrégé en T-Rex, qui fut l'un des plus grands prédateurs terrestres de tous les temps (mais pas le plus gros, nous en avons déjà parlé). Eh bien malgré sa taille imposante, le cerveau du T-Rex était relativement petit par rapport à son corps. En fait, il était à peu près de la taille d'un petit oiseau moderne. Cela peut sembler surprenant, mais il faut se rappeler que la taille du cerveau n'est pas toujours liée à l'intelligence. Les reptiles en général, y compris les dinosaures, avaient tendance à avoir des cerveaux proportionnellement plus petits que les mammifères et les oiseaux. Le T-Rex compensait notamment sa petite cervelle par d'autres caractéristiques physiques, notamment une mâchoire puissante remplie de dents en forme de cônes, une excellente vision et un odorat développé. Ces caractéristiques lui permettaient ainsi d'être un prédateur redoutable, malgré son cerveau de petite taille !

12 Le vélociraptor avait des plumes

Oui, des preuves suggèrent que le Vélociraptor, le célèbre dinosaure carnivore, avait des plumes ! Comment le sait-on ? Grâce à des découvertes récentes de fossiles en Chine. Ce que l'on sait, c'est que ces plumes ne ressemblaient pas exactement à celles des oiseaux modernes, mais plutôt à des plumes avec une sorte de duvet, peut-être comme celles que l'on trouve aujourd'hui sur les jeunes oiseaux. Leur utilisation n'est encore pas totalement comprise, mais elles auraient pu jouer un rôle dans la régulation de la température, la communication entre les animaux, ou encore dans des comportements de parade nuptiale.

Et après ?

On l'a vu, les dinosaures ont disparu il y a environ 66 millions d'années à la suite de l'impact d'une grosse météorite. On estime que 75 % des espèces qui peuplaient alors la Terre ont disparu. Que s'est-il passé ensuite ? Ceux qui ont survécu à cette catastrophe étaient des petits mammifères et des oiseaux, qui ont continué à se reproduire. Les continents, eux, ont continuer à se déplacer pour former l'arrangement que nous connaissons aujourd'hui. Le climat s'est également réchauffé, favorisant une grande diversité de la vie. Enfin, les mammifères ont continué à évoluer, donnant naissance à des ancêtres des primates (la famille des singes) modernes. Les premiers hominidés, les ancêtres directs des humains, sont apparus il y a environ 7 millions d'année.

LA PRÉHISTOIRE

13 Notre plus vieil ancêtre a 7 millions d'années

Notre plus vieil ancêtre s'appelle Toumaï, également connu sous le nom de Sahelanthropus tchadensis, et il a vécu il y a environ 7 d'années. Il a été découvert en 2001 dans le désert du Sahara, au Tchad, en Afrique centrale. Cette découverte a eu un impact majeur sur notre compréhension de l'évolution humaine car il est considéré comme l'un des plus anciens ancêtres connus de l'homme moderne, c'est-à-dire nous, Homo sapiens. Les fossiles trouvés comprennent un crâne partiel et des fragments de mâchoire, qui présentent des caractéristiques à la fois de l'homme et du singe. Car tu le sais peut-être, nous ne venons pas des singes. Il serait plus exacte de dire que nous avons un ancêtre commun, et que nous sommes donc des sortes de cousins éloignés. Cependant, en raison du peu de fossiles disponibles de Toumaï, il reste beaucoup de mystères à résoudre le concernant.

14 Un australopithèque au nom de chanson

As-tu déjà entendu parler de Lucy ? C'est le surnom donné à un fossile particulièrement important découvert en Éthiopie en 1974. Lucy est un spécimen exceptionnel car elle est relativement complète par rapport à de nombreuses autres découvertes de nos ancêtres préhistoriques. Elle a vécu il y a environ 3,2 millions d'années et elle nous a permis de mieux comprendre l'évolution de l'espèce humaine. En effet, elle était bipède, ce qui signifie qu'elle marchait sur deux jambes, une caractéristique importante dans l'évolution humaine, car elle a permis le développement de l'utilisation des outils et de la manipulation d'objets. Oui, à quatre pattes, c'est tout de suite plus compliqué !

Et sais-tu d'où vient ce nom étrange, qui ne sonne pas très préhistorique ? Il a été inspiré par la chanson célèbre des Beatles, un groupe de musique, "Lucy in the Sky with Diamonds", qui était écoutée fréquemment par l'équipe de recherche lors de l'expédition.

15 Des ancêtres habiles de leur main

Quand avons-nous commencé à utiliser des outils ? Les premiers que l'on a retrouvés, qui remontent à environ 2,6 millions d'années, ont été créés par nos ancêtres préhistoriques, et notamment Homo habilis. Il s'agit d'une étape cruciale dans le développement de l'humanité car ils ont permis à nos ancêtres de s'adapter à différents environnements et de devenir des chasseurs-cueilleurs plus efficaces. Ces outils étaient principalement fabriqués à partir de pierres comme le silex, qui étaient taillés pour couper, hacher, ou percer et étaient utilisés pour des tâches essentielles telles que la chasse, la découpe de viande, la préparation de plantes comestibles, et d'autres activités nécessaires à la survie : on appelle cela des choppers, et les premiers ont été retrouvés en Ethiopie.

Et au fil du temps, les techniques de fabrication d'outils ont évolué, et les outils sont devenus de plus en plus sophistiqués, comme les pointes de projectiles pour la chasse.

16 Nous venons tous d'Afrique

Oui, nous venons tous d'Afrique ! Comment est-ce possible ? Nous savons aujourd'hui grâce aux preuves génétiques, fossiles et archéologiques, que nous, l'homme moderne (Homo sapiens), sommes apparus en Afrique il y a environ 200 000 à 300 000 ans. Ensuite, l'Homo sapiens a commencé à migrer hors d'Afrique, il y a environ 70 000 à 100 000 ans. Ces migrations se sont produites en plusieurs vagues, les premières populations se déplaçant vers le Moyen-Orient, puis en Asie et en Europe. Les raisons exactes de ces migrations sont débattues, mais elles sont probablement liées à la recherche de nouvelles ressources alimentaires, aux changements climatiques, ou à la curiosité humaine. Au fil du temps, les Homo sapiens ont réussi à coloniser l'ensemble du monde, atteignant l'Australie et les Amériques il y a environ 50 000 à 15 000 ans !

La Préhistoire

La Préhistoire couvre une période très vaste de l'histoire humaine, depuis l'émergence des premiers hommes jusqu'à l'invention de l'écriture, qui varie selon les régions du monde. On la divise en deux grandes périodes :

- **Le Paléolithique** (âge de la pierre taillée) : Cette période s'étend depuis l'apparition des premiers hommes, Homo habilis, il y a environ 2,6 millions d'années, jusqu'à environ 10 000 ans avant notre ère, date de l'invention de l'agriculture.
- **Le Néolithique** (âge de la pierre polie) : Le Néolithique a commencé vers 10 000 ans avant notre ère, au moment où les hommes commencent l'agriculture, et a duré jusqu'à l'invention de l'écriture, vers 4000 avant notre ère.

17 La disparition inexpliquée de nos cousins

Tu as peut-être déjà entendu parler des Néandertaliens, ou hommes de Néandertal ? Il s'agit de nos cousins préhistoriques, c'est-à-dire une autre espèce d'hommes, à la fois différents et proches de nous, les Homo sapiens. Les Néandertaliens vivaient principalement en Europe et dans certaines parties de l'Asie de l'Ouest, comme le Moyen-Orient. Ils ont adapté leur vie aux climats froids, vivant dans des grottes et des abris sous roche. Ils ont vécu pendant des milliers d'années en même temps qu'Homo sapiens, mais ont fini par disparaître il y a environ 30 000.

Et aujourd'hui, nous ne sommes toujours pas sûrs de connaître la raison : peut-être à cause de la compétition avec, nous, Homo sapiens, peut-être à cause de changements climatiques, peut-être à cause de maladies, ou peut-être à cause d'une combinaison de ces facteurs.
Toujours est-il qu'aujourd'hui, nous sommes la seule et dernière espèce d'hommes encore en vie !

18 Une musique préhistorique

Savais-tu que les hommes préhistoriques aimaient et jouaient de la musique ? Nous le savons aujourd'hui grâce à des flûtes en os qui ont été retrouvées, et notamment la plus ancienne, qui a été découverte dans la grotte de Divje Babe en Slovénie et date d'environ 43 000 ans. D'autres ont également été trouvées dans le Sud de l'Allemagne et en France.

Bien que nous ne savons pas précisément quelle était leur usage, les chercheurs pensent que les premiers instruments de musique avaient une signification culturelle et sociale importante, c'est-à-dire qu'ils étaient utilisés dans des rituels religieux, des célébrations, ou des danses. Les premiers sifflets, quant à eux, fabriqués en terre cuite, remontent à plus de 9 000 ans et ont été découverts dans des sites archéologiques du Moyen-Orient. Cela change un peu l'image que l'on a de cette période, non ?

19 Des hommes préhistoriques sous la mer

Connais-tu la grotte de Cosquer, près de Marseille ? Il s'agit d'une incroyable grotte sous-marine dans laquelle on a retrouvé des peintures préhistoriques. Elle a été découverte en 1985 par le plongeur Henri Cosquer, d'où elle tire son nom, et est située à environ 37 mètres sous le niveau de la mer. L'entrée de la grotte se fait par une série de tunnels sous-marins et on a retrouvé à l'intérieur des peintures et des dessins qui auraient entre 27 000 et 19 000 ans. Parmi ces dessins, on retrouve des cerfs, des bisons, mais aussi des phoques, des pingouins, des poissons, ainsi que des mains humaines. Comment les hommes préhistoriques ont pu accéder à cette grotte ? Simplement car à l'époque, le niveau de la mer était plus bas et on pouvait y accéder à pied. Avec la montée des eaux en Méditerranée, elle s'est retrouvée submergée. Aujourd'hui, en raison de sa fragilité et de sa submersion, la grotte Cosquer n'est pas ouverte au public, mais on peut observer toutes ces peintures et dessins dans un musée.

20 L'île des Pygmées

Nous avons parlé dans les pages précédentes de l'homme de Néandertal. Eh bien sache que pendant la Préhistoire, il y a eu d'autres espèces d'hommes que Néandertal ou Homo Sapiens. Parmi elles, on trouve Homo floresiensis, souvent surnommé "l'homme de Florès", qui a été découvert sur l'île de Florès, en Indonésie. L'une des caractéristiques les plus frappantes d'Homo floresiensis est sa petite taille. Les individus de cette espèce mesuraient en moyenne environ 1 mètre de hauteur ! Ils auraient vécu entre 100 000 à 60 000 ans, avant de disparaître. On sait également qu'ils étaient habiles de leur car ils utilisaient des outils en pierre et qu'ils savaient peut-être même faire du feu ! Ce que l'on ignore en revanche aujourd'hui, c'est pourquoi ils ont disparu. Le mystère reste entier !

21 Vous ne trouvez pas qu'il fait un peu froid ?

La fin de la Préhistoire est marquée par un refroidissement du climat. Peut-être as-tu vu à ce sujet le dessin animé "L'Âge de Glace" ? Eh bien c'est vrai : c'est ce que l'on a appelé la glaciation. Elle a eu lieu il y a environ 110 000 à 12 000 ans. Les températures étaient bien plus froides qu'aujourd'hui, avec des étés plus courts et des hivers plus longs et rigoureux. Imagine-toi qu'à son maximum, la glace recouvrait une grande partie de l'Amérique du Nord, de l'Europe, de l'Asie du Nord et de l'Australie, abaissant le niveau de la mer de manière significative. Presque toute l'Angleterre était sous la glace ! Les humains de cette époque ont dû s'adapter aux conditions glaciaires en développant des techniques de chasse, de pêche et de cueillette spécifiques, ainsi que des abris tels que les grottes pour se protéger du froid. C'est aussi à cette époque que les mammouths et les tigres à dents de sabre ont disparu. Cette glaciation a pris fin il y a environ 12 000 ans, marquant le début d'un climat plus chaud et permettant aux hommes de commencer à pratiquer l'agriculture.

22 Le mystère de Stonehenge

Stonehenge est l'un des sites archéologiques les plus emblématiques du monde. Situé en Angleterre, c'est un site complexe composé de plusieurs éléments. Le cercle extérieur est constitué de grandes pierres dressées, appelées "mégalithes", qui sont surmontées de pierres transversales. À l'intérieur de ce cercle, il y a une série de pierres plus petites disposées en forme de fer à cheval. Au centre se trouve l'"Autel de Stonehenge", une dalle de pierre. On estime qu'il a été construit entre 3 000 et 2 000 ans avant notre ère, ce qui en fait l'un des monuments les plus anciens du monde. Mais sa signification reste mystérieuse. On pense qu'il avait une signification religieuse et astronomique, car il est aligné avec les mouvements du soleil et de la lune. Il a peut-être servi de calendrier, de lieu de culte ou de lieu de sépulture et a peut-être été utilisé pour des cérémonies funéraires ou des rituels religieux. Mais on ne le saura jamais !

23 Le prisonnier des glaces

As-tu déjà entendu parler d'Ötzi, surnommé "l'Homme des glaces" ? C'est l'une des découvertes archéologiques les plus fascinantes ! Ötzi a été découvert en 1991 par des randonneurs dans les Alpes, à la frontière entre l'Autriche et l'Italie. Il gisait dans une zone de haute montagne, où la fonte d'un glacier avait révélé son corps momifié. On pense qu'Ötzi a vécu il y a 5 300 ans et son corps a été exceptionnellement bien conservé en raison de la glace et du froid. Sa peau, ses organes et même ses vêtements et ses armes ont survécu à des millénaires ! Grâce à tout cela, on est aujourd'hui en mesure de dire qu'Ötzi mesurait environ 1,60 mètre et avait environ 45 ans au moment de sa mort. Surtout, les chercheurs ont découvert que la cause de sa mort était une flèche qui avait pénétré son épaule !

Mais qui a fait cela et pourquoi ? On ne le saura sans doute jamais !

24 L'île des lapins géants

Tu vas croire qu'on te raconte des bêtises, mais pas du tout ! Pendant la Préhistoire, sur l'île espagnole de Minorque, a vécu une espèce de lapin géant ! Son nom ? Le Nuralagus rex. On estime qu'il avait une hauteur de 50 centimètres et pouvait peser jusque 25 kilos ! Ce taille géante était probablement due à une adaptation à l'environnement spécifique de Minorque, où il n'y avait pas de prédateurs naturels pour les lapins. En effet, en l'absence de prédateurs, les individus de cette espèce ont pu évoluer vers une plus grande taille au fil du temps.

Malheureusement, le Nuralagus rex a fini par s'éteindre, il y a environ 3 millions d'années, sans que l'on sache les raisons exactes de sa disparition.

ÉGYPTE ANCIENNE

25 Pas très confortable, cet oreiller

Peut-être es-tu en ce moment en train de lire ce livre allongé sur ton lit, la tête sur un oreiller bien moelleux. En Égypte ancienne, en revanche, ce n'était pas du tout le cas et les oreillers étaient en… pierre ! Si, si, on te l'assure ! Drôle d'idée, non ? Ils étaient fabriqués à partir de différentes pierres, telles que le calcaire, le granite ou le basalte. Pourquoi ? Principalement pour des raisons de confort et de santé. Les Égyptiens croyaient que dormir sur un oreiller en pierre aidait à maintenir une température corporelle stable pendant la nuit. De plus, les oreillers en pierre étaient considérés comme plus hygiéniques que les oreillers en tissu, car ils étaient moins susceptibles de retenir la chaleur et l'humidité, ce qui pouvait réduire la croissance des acariens et d'autres parasites. Enfin, outre leur utilité pratique, ces oreillers avaient également une signification symbolique. Les Égyptiens croyaient en effet que dormir avec la tête soutenue par un oreiller en pierre renforçait leur lien avec la terre et les éléments naturels. Tu sais donc ce qu'il te reste à faire !

26 Où sont passés tes sourcils ?

Tu sais sans doute que dans l'Égypte ancienne, les chats étaient considérés comme des animaux sacrés et avaient une place spéciale dans la vie quotidienne des Égyptiens. Les chats étaient en effet hautement vénérés en Égypte ancienne en raison de leur association avec la déesse Bastet, la déesse de la maison et de la maternité. Alors, lorsqu'un chat mourait, cela était souvent perçu comme une tragédie dans la famille, et diverses pratiques de deuil étaient observées. L'une de ces pratiques consistait à se raser les sourcils. Cette coutume était un geste symbolique de chagrin et de respect envers l'animal décédé. Les Égyptiens pensaient en effet que les sourcils étaient une partie importante du visage, et en les rasant, ils montraient leur profonde tristesse. Cette coutume était principalement observée par les membres de la famille du chat décédé, mais elle pouvait aussi être pratiquée par d'autres proches.

27 — C'est quel Dieu, déjà ?

Tu connais peut-être déjà quelques dieux égyptiens célèbres : Isis, Osiris, Seth, Horus, Râ... Ils ne sont pourtant qu'une toute petite partie des dieux auxquels les Égyptiens croyaient. En effet, on estime qu'il y a plus de 1 400 dieux et déesses différents dans l'Égypte ancienne ! Comment est-ce possible ? Chacun de de ces dieux et déesses avaient des attributs et des pouvoirs spécifiques : ils représentaient des aspects divers de la vie, de la nature et de la société égyptienne, allant de divinités majeures comme Râ, dieu du soleil, à des dieux et déesses mineurs associés à des lieux ou à des métiers. Chaque ville et région d'Égypte avait souvent ses propres divinités locales, ce qui contribuait à la grande diversité du panthéon. Les Égyptiens croyaient en effet que ces divinités influençaient tous les aspects de leur existence, de la fertilité des terres agricoles à la protection contre les maladies. Par conséquent, les Égyptiens priaient, offraient des sacrifices et participaient à des rituels religieux pour honorer et apaiser les dieux.

28 — Cette robe t'irait à merveille

L'une des découvertes les plus fascinantes de l'archéologie égyptienne est celle de la plus ancienne robe du monde, datée d'environ 5000 ans. La robe, souvent appelée la "robe de Tarkhan" en référence au site archéologique où elle a été trouvée, a été fabriquée à partir de lin, une fibre végétale abondamment cultivée en Égypte ancienne. Ce vêtement était une pièce d'une grande élégance, avec une conception complexe qui témoigne de la maîtrise des techniques textiles de l'époque. Cette découverte est précieuse car elle nous offre un aperçu de la mode et de la technologie textile de l'Égypte ancienne. Elle montre que même à cette époque reculée, les Égyptiens avaient atteint un haut niveau de compétence dans la fabrication et la conception de vêtements. Cette robe nous rappelle également l'importance de la mode et de l'apparence personnelle dans la société égyptienne ancienne, où les vêtements pouvaient être à la fois fonctionnels mais également élaborés.

L'Egypte ancienne

L'Égypte ancienne est une civilisation qui a prospéré dans la vallée du Nil en Afrique du Nord pendant une grande partie de l'Antiquité. Elle est l'une des civilisations les plus anciennes et les plus influentes de l'histoire humaine, avec une histoire qui s'étend sur plusieurs millénaires. Elle a laissé un héritage culturel et historique durable, notamment dans les domaines de l'architecture, de la religion, de la littérature et des sciences. Les pyramides, les hiéroglyphes, les temples et les momies sont autant de témoins de cette civilisation extraordinaire qui continuent de fasciner le monde aujourd'hui !

29 La tombe maudite

Connais-tu la tombe de Toutankhamon, l'une des découvertes archéologiques les plus célèbres de tous les temps ? Elle a longtemps été associée à une malédiction, connue sous le nom de "Malédiction du Pharaon", qui a contribué à sa célébrité. En effet, la tombe de Toutankhamon a été découverte en 1922 par l'archéologue britannique Howard Carter. À l'intérieur de la tombe se trouvaient des trésors incroyables, notamment le masque en or du jeune pharaon, des bijoux somptueux et des objets d'art. Cependant, peu de temps après cette découverte, plusieurs personnes impliquées dans l'expédition de fouilles sont décédées de manière prématurée et mystérieuse. Cela a suscité des spéculations sur une malédiction liée à la profanation de la tombe. La "Malédiction du Pharaon" est souvent attribuée à l'inscription gravée à l'entrée de la tombe, qui avertissait que "la mort viendra rapidement à celui qui perturbe le repos du Pharaon". Les décès inexpliqués ont alimenté la croyance en cette malédiction. Cependant, de nombreuses explications réelles ont été avancées pour les décès, notamment l'exposition à des champignons développés par la moisissure dans le tombeau. Mais cette réputation sensationnelle a persisté jusqu'à aujourd'hui !

30 "Songez que du haut de ces pyramides, quarante siècles vous contemplent"

Parmi les pyramides construites par les Egyptiens, la pyramide de Khéops, également connue sous le nom de Grande Pyramide, est l'une des constructions les plus exceptionnelles et emblématiques de l'Égypte ancienne, voire du monde entier. Construite il y a plus de 4 500 ans, elle s'élève à une hauteur de 150 mètres ! Les blocs de pierre qui la composent étaient taillés avec une grande précision et les angles de la pyramide sont presque parfaits, ce qui est impressionnant compte tenu de la technologie limitée de l'époque. On trouve à l'intérieur des couloirs complexes et des chambres funéraires qui témoignent d'une avancée dans les techniques de construction. Et malgré des décennies de recherche, le processus exact de construction de la pyramide demeure en partie un mystère. En effet, la manière dont les énormes blocs de pierre ont été extraits, transportés et soulevés continue d'interpeller les chercheurs ! Tu as peut-être une idée, toi ?

31 Ça vous dirait un petit bowling ?

Oui, les Égyptiens savaient aussi s'amuser ! On sait qu'ils pratiquaient un jeu qui présente des similitudes avec le bowling moderne, bien qu'il y ait des différences importantes. Ce jeu était déjà populaire en Égypte il y a plus de 5 000 ans. Il impliquait le lancement d'une boule en pierre ou en argile sur le sol, en visant un groupe de petits cônes de pierre placés à une certaine distance. L'objectif était de renverser autant de cônes que possible en un seul lancer. Pas si différent du nôtre, non ? Mais il était également beaucoup plus complexe. Ce jeu était souvent pratiqué lors de célébrations et de fêtes, et il était apprécié à la fois par les Égyptiens de haut rang et par le peuple. Des scènes l'illustrant ont été découvertes dans des tombes égyptiennes anciennes, ce qui montre sa grande popularité à l'époque.

32 Que vous avez de belles dents !

T'es-tu bien lavé les dents ce soir ? Oui ? Eh bien sache des les anciens Égyptiens faisaient la même chose ! En effet, ils ont développé l'un des premiers types de dentifrice dans l'histoire de l'humanité ! Leur formule de dentifrice antique était très différente de celle que nous utilisons aujourd'hui, mais elle témoigne de leur souci de l'hygiène. Cet ancien dentifrice égyptien était composé d'ingrédients naturels, notamment de poudre de roche, de sel, de poivre, de menthe et de feuilles de fleur de lotus. Comment était-il fabriqué ? Ces ingrédients étaient broyés et mélangés pour créer une pâte qui pouvait être appliquée sur les dents à l'aide d'un bâton ou d'une petite brosse. Pas très différent de ce que l'on fait aujourd'hui, non ?

On sait aussi que les anciens Égyptiens attachaient une grande importance à leur apparence et à leur hygiène personnelle car ils croyaient que des dents saines étaient essentielles pour une vie après la mort réussie : elles permettaient en effet de manger les aliments offerts dans l'au-delà par les dieux.

33 Faites : "Aaaaaaah"

C'est en Égypte que l'on a découvert le plus ancien manuel de médecine : il s'agit du papyrus médical d'Ebers, et il date d'environ 1550 avant notre ère. C'est un document exceptionnel de plus de 20 mètres de long, contenant environ 700 formules médicales et recettes ! Il couvre un large éventail de sujets médicaux, y compris la chirurgie, la gynécologie, la dermatologie, l'ophtalmologie, la dentisterie et la pharmacologie. Il révèle une compréhension étonnamment avancée de la médecine pour l'époque car il contient des descriptions détaillées de maladies, de symptômes et de traitements, ainsi que des informations sur les plantes médicinales utilisées.

Pour te donner une idée, il mentionne plus de 700 ingrédients médicinaux, dont de nombreuses plantes, minéraux et substances animales qui sont encore utilisées en médecine traditionnelle dans certaines parties du monde aujourd'hui ! Et il a permis aux chercheurs de mieux comprendre les pratiques médicales de l'Égypte ancienne.

34 On se fait un jeu ce soir ?

On a vu que les anciens Égyptiens aiment bien se divertir avec le jeu de quilles, ancêtre de notre bowling. Eh bien ils avaient également toute une variété de jeux de société auxquels ils jouaient pour se divertir et faire des rencontres. Parmi eux, on trouve le Senet, l'un des jeux les plus emblématiques de l'Égypte ancienne. Les Égyptiens croyaient même que ce jeu avait une signification religieuse et il était associé au passage vers l'au-delà. Le Senet était joué sur un plateau rectangulaire avec 30 cases et des pièces mobiles. Les joueurs déplaçaient leurs pièces en fonction des lancers de dés, dans l'espoir d'atteindre la case finale. On connaît également le Mehen, un jeu de société joué sur un plateau en forme de serpent, symbolisant le dieu serpent Mehen. Les joueurs déplaçaient leurs pions le long du serpent en essayant d'atteindre le centre du plateau. Si l'on ignore sa signification, on sait qu'il était principalement joué lors des cérémonies funéraires.

Cléopâtre, dernière reine d'Egypte

Peut-être as-tu déjà entendu parler de Cléopâtre, la dernière reine de l'Égypte antique et l'une des figures les plus emblématiques de l'Antiquité. Née en 69 av. J-C, elle est devenue reine à 18 ans. Cléopâtre est connue pour ses liens avec deux grands généraux romains : Jules César et Marc-Antoine. Elle a eu un fils avec le premier, Cesarion, et s'est ensuite remariée avec Marc-Antoine, après l'assassinat de César. Rome connaît alors une grande guerre civile et Marc Antoine se bat contre le futur premier empereur de Rome, Octave-Auguste. Battu, il préfère se donner la mort plutôt que d'être fait prisonnier. Et Cléopâtre fait de même une semaine plus tard, en se faisant mordre par un serpent venimeux. C'est la fin de l'Egypte antique qui passe sous la domination de l'Empire romain.

GRÈCE ANTIQUE

35 Ça mesure combien, ce truc ?

Sais-tu que la circonférence de la Terre est de 40 075 kilomètres ? Eh bien ce chiffe, un célèbre savant grec de l'Antiquité, Eratosthène, l'avait déjà calculé de manière remarquablement précise. Comment a-t-il fait ? Eratosthène a remarqué qu'à midi le jour du solstice d'été (le 21 juin), à Syène (aujourd'hui Assouan, en Egypte), une colonne ne projetait pas d'ombre, ce qui signifiait que le Soleil était directement au zénith à cet endroit. Cependant, à Alexandrie, une colonne projetait une ombre. En mesurant l'angle de cette ombre à Alexandrie (environ 7,2 degrés, soit 1/50 du cercle complet), Eratosthène a réalisé que la distance entre Syène et Alexandrie était environ 1/50 de la circonférence de la Terre. En connaissant la distance réelle entre ces deux villes (environ 800 kilomètres), il a pu estimer la circonférence de la Terre en multipliant cette distance par 50, ce qui lui a donné une valeur d'environ 40 000 kilomètres, ce qui était quasiment exact. Incroyable, non ?

36 Allez Nikos !

Tu as forcément entendu parler des Jeux Olympiques, l'un des événements sportifs les plus célèbres du monde. Mais sais-tu d'où ils viennent ? De la Grèce antique ! Ils ont été créés pour la première fois en 776 avant notre ère à Olympie, une petite ville de la Grèce antique. Il s'agissait d'un festival athlétique organisé tous les quatre ans en l'honneur de Zeus, le roi des dieux grecs. Ces jeux comprenaient des compétitions sportives variées, notamment la course à pied, la lutte, le lancer du disque et du javelot, ainsi que la course de chars. Toutes les cités grecques y participaient et pendant la durée des jeux, la guerre n'était pas autorisée pour permettre aux athlètes et aux spectateurs de se rendre en toute sécurité à Olympie. Les Jeux Olympiques ont perduré pendant plus de 1 000 ans, jusqu'à ce qu'ils soient interrompus en 393 après J.-C. par l'empereur romain Théodose Ier, qui les a interdits.

Et c'est en 1896 qu'un Français, Pierre de Coubertin, décide de les sortir de l'oubli et de créer les premiers Jeux Olympiques modernes, qui continuent encore aujourd'hui !

37 Oh non, pas déjà !

Je suis sûr que toi aussi le matin, parfois, tu n'es pas très heureux que ton réveil sonne et que tu aimerais rester encore un peu au lit. Sache que si tu dois en vouloir à quelqu'un pour ça, c'est à cause des Grecs ! En effet, l'invention du réveil viendrait de l'esprit d'un célèbre philosophe grec, Archytas de Tarente, qui aurait conçu une horloge hydraulique spéciale pour l'empêcher de s'endormir pendant ses longues séances de méditation. L'horloge hydraulique d'Archytas était conçue pour faire sonner une flûte toutes les heures. L'idée était que le son de la flûte agirait comme un rappel régulier pour maintenir Archytas éveillé et concentré. C'est du moins ce que d'autres écrivains grecs ont raconté car dans la réalité, les détails exacts de cette invention se sont perdus dans l'Histoire et nous n'avons pas de trace matérielle de son existence.

38 De gauche à droite, ou de droite à gauche ?

Toi, quand tu écris, tu le fais normalement de gauche à droite. Et ensuite, quand tu arrives à la fin de la ligne, tu vas de nouveau à gauche et tu recommences. Mais chez les Grecs, il y avait un autre système d'écriture que l'on appelle le "boustrophédon". Ce qui signifie littéralement "comme le bœuf laboure". Dans le boustrophédon, le texte est écrit de manière alternée de gauche à droite puis de droite à gauche, de manière similaire à la façon dont un bœuf laboure un champ en se déplaçant d'un côté à l'autre. Cela signifie que la première ligne de texte est lue de gauche à droite, la deuxième ligne de droite à gauche, et ainsi de suite. Cette méthode était couramment utilisée dans certaines inscriptions en grec ancien. Le boustrophédon n'était cependant pas le style d'écriture principal dans l'Antiquité, on écrivait aussi comme nous aujourd'hui, mais il était utilisé pour économiser de l'espace sur des supports limités tels que les tablettes d'argile. Et cela signifiait que le lecteur devait constamment changer de direction de lecture, ce qui rendait la lecture plus complexe ! On essaye ?

La Grèce antique

La Grèce antique est une période fascinante de l'histoire qui a eu une influence considérable sur notre culture. Elle commence dans les années 800 av. J-C jusqu'à la conquête romaine en 146 av. J-C. On parle de "la Grèce antique", mais dans la réalité il s'agit d'un ensemble d'environ 1500 cités grecques qui, bien que partageant une même culture, étaient très différentes. La plus célèbre était Athènes, mais beaucoup d'autres ont existé. Et sais-tu ce que les Grecs nous ont laissé ? La démocratie, la philosophie, le théâtre, la mythologie, les Jeux Olympiques, et même de nombreux mots de notre vocabulaire ! Et nous sommes sûrs que as déjà entendu parler de certains héros Grecs célèbres : Achille, Hercule, Ulysse, Jason... Impressionnant, non ?

39 — Des Grecs tout nus !

Nous avons déjà parlé de la passion des Grecs pour le sport avec les Jeux Olympiques. Eh bien on sait également que lors des compétitions sportives dans la Grèce antique, les athlètes masculins concouraient généralement tout nus ! Il y avait plusieurs raisons à cette coutume. Tout d'abord, elle symbolisait la pureté et l'honnêteté, car les athlètes étaient ainsi exposés aux regards des juges et du public, réduisant ainsi les possibilités de tricherie ou de dissimulation de blessures. De plus, elle mettait en valeur la beauté du corps humain, une idée centrale dans la culture grecque. Cette pratique était toutefois uniquement réservée aux athlètes masculins. Les femmes n'étaient généralement pas autorisées à participer aux compétitions sportives et ne bénéficiaient pas des mêmes droits que les hommes dans la Grèce antique. Cela aussi, tu l'apprendras sans doute bientôt.

40 — La première machine à calculer

Si aujourd'hui tu as la chance de pouvoir faire des calculs avec une calculatrice et ne pas perdre ton temps avec des calculs complexes, c'est grâce aux Grecs ! En effet, ils ont inventé l'Anticythère, une machine extraordinaire et complexe, qui est considérée comme la première calculatrice mécanique connue de l'histoire. Elle a été découverte en 1901 dans l'épave d'un bateau à Anticythère, une île grecque située entre la Grèce et une autre île, la Crète, dans les eaux de la mer Égée. Cette machine était constituée d'un assemblage complexe de roues dentées et d'engrenages en bronze, et elle était conçue pour effectuer des calculs astronomiques. On pense que l'Anticythère était utilisée pour prédire les positions des planètes et d'autres corps célestes, ainsi que pour déterminer les dates des éclipses solaires et lunaires, mais son état de conservation dégradé ne nous permet pas d'en savoir beaucoup plus.

41 Ohé, m'entends-tu ?

Non seulement les Grecs ont inventé le théâtre, mais ils savaient également construire des théâtres avec un son exceptionnel qui permettait à tout le public d'entendre ce que disaient les acteurs, et sans micro ! C'est le cas ainsi théâtre d'Épidaure, l'un des théâtres les mieux conservés de la Grèce antique. L'acoustique exceptionnelle d'Épidaure est due à plusieurs éléments d'architectures incroyables. Tout d'abord, la forme semi-circulaire du théâtre, ainsi que sa grande taille (il pouvait accueillir jusqu'à 14 000 spectateurs), permettaient de diffuser le son de manière uniforme dans tout le théâtre. De plus, la disposition des gradins en arcs de cercles et le haut mur de la scène contribuaient à réfléchir et à amplifier le son produit par les acteurs sur scène. Ainsi, si un acteur se tenait au centre de la scène, sa voix était projetée de manière extraordinaire dans tout le théâtre sans nécessiter de parler fort ou de crier. Et aujourd'hui encore, le théâtre d'Épidaure est toujours utilisé pour des représentations théâtrales et des concerts en raison de son acoustique exceptionnelle !

42 Un colosse aux pieds d'argile

Connais-tu les 7 merveilles du monde ? Ce sont des constructions faites par l'homme et considérées comme les plus extraordinaires du monde antique. Parmi elles, on trouve Le Colosse de Rhodes, une statue monumentale en bronze qui était autrefois située sur l'île de Rhodes, en Grèce. Elle a été construite entre 292 et 280 avant notre ère pour commémorer la victoire de la cité de Rhodes sur une invasion ennemie. Elle était située à l'entrée du port de Rhodes où elle était visible par les navires qui y entraient. Cette statue était gigantesque, mesurant environ 30 mètres de hauteur, ce qui en faisait l'une des statues les plus grandes de l'Antiquité. Malheureusement, le Colosse de Rhodes a été détruit lors d'un séisme en 226 avant notre ère, environ 50 ans après sa construction. La statue s'est effondrée, se brisant en morceaux, qui ont par la suite été fondus pour en récupérer le bronze.

ROME ANTIQUE

43 Vous reprendrez bien un peu de poison ?

Si je te dis que certaines personnes faisaient exprès de prendre du poison pour ne pas en ressentir les effets ensuite, tu as du mal à le croire, n'est-ce pas ? Pourtant, cela existe, et l'on appelle cela la mithridatisation. Bizarre, non ? Cette méthode visait en effet à développer une résistance aux poisons en consommant de petites quantités de substances toxiques au fil du temps. C'est ce que faisait un des plus célèbres roi de l'époque romaine, un certain Mithridate, d'où la méthode tire son nom. Craignant d'être empoisonné, comme c'était régulièrement le cas pendant l'Antiquité, il aurait ainsi concocté un mélange de nombreuses substances toxiques, qu'il prenait régulièrement en petites quantités pour renforcer sa résistance aux tentatives d'assassinat. La légende veut que, après une défaite contre les Romains, il ait voulu se suicider en absorbant du poison. Mais immunisé par tous les poisons qu'il avait mangés au cours de sa vie, il n'a pas réussi, et a alors demandé à un garde du corps de mettre fin à ses jours avec une épée ! Quelle drôle d'époque !

44 C'est quoi ton prénom, toi ?

Des filles et des femmes sans prénom chez les Romains ? Vraiment ? C'est en partie vrai. En effet, dans la société romaine antique, les femmes n'avaient généralement pas de prénom distinctif à proprement parler comme c'était le cas pour les hommes. Les femmes romaines étaient souvent désignées par le nom de famille de leur père, suivi du terme "fille de" (en latin, "filius" pour "fils de" ou "filia" pour "fille de"). Par exemple, si le père s'appelait Caius et que le nom de famille était Julius, sa fille serait appelée Julia, suivi de "fille de Caius" (en latin, "Julia, Caius filia"). Les femmes mariées prenaient également le nom de famille de leur mari et étaient souvent désignées de la même manière, avec leur prénom suivi de "femme de" et le nom de leur mari. Certaines femmes de haut rang, cependant, pouvaient parfois recevoir un prénom, mais cela était moins courant et réservé aux élites de la société romaine.

45 La maman louve et les jumeaux

Connais-tu la légende de Romulus et Rémus, les deux frères qui auraient fondé la ville de Rome ? Selon la mythologie romaine, Romulus et Remus étaient des jumeaux nés du dieu Mars (le dieu de la guerre) et d'une jeune princesse, Rhea Silvia. Le roi Amulius, oncle de Rhea Silvia, craignant que ses deux neveux ne grandissent pour lui prendre sa place, les abandonna sur les rives d'un fleuve, dans un panier en osier. Mais les jumeaux furent alors sauvés par une louve qui les allaita. Plus tard, Romulus et Remus furent recueillis par un berger du nom de Faustulus, qui les éleva comme ses propres fils. Une fois adultes, Romulus et Remus découvrirent leur véritable origine et décidèrent de fonder une nouvelle ville. Cependant, ils se disputèrent sur l'emplacement de la ville, chacun voulant en être le fondateur. Romulus tua Rémus, et c'est de lui que la ville de Rome tient son nom. Tout ceci reste cependant une légende et rien ne prouve que Romulus et Rémus aient réellement existé. Mais la louve, elle, est restée le symbole de Rome jusqu'à aujourd'hui, et tu la verras sans doute si tu visites la ville un jour !

46 Vous reprendrez bien un peu de pipi ?

Si jamais un jour, tu n'as plus de dentifrice, sache que tu peux faire comme les Romains et te laver les dents avec ton pipi. Non, on plaisante bien sûr, ce n'est pas une chose à faire, mais l'utilisation de l'urine dans l'Antiquité romaine pour diverses fins, y compris le nettoyage des vêtements et des dents, est quelque chose qui a bien existé. Cette pratique peut sembler étrange pour nous aujourd'hui, mais elle était courante à l'époque et reposait sur certaines croyances. Les Romains utilisaient en effet le pipi comme dentifrice car ils croyaient que cela contribuait à garder leurs dents propres et à prévenir les problèmes dentaires. On sait aussi que les Romains utilisaient l'urine pour blanchir et nettoyer leurs vêtements, comme de la lessive. Ils laissaient ainsi tremper les vêtements dans un mélange d'eau et d'urine ou bien l'utilisaient pour frotter les taches avant de les laver. Cela aidait à éliminer la saleté et à éclaircir les tissus. Heureusement pour nous, avec l'évolution de la science et de la technologie, nous avons développé des méthodes de nettoyage et d'hygiène beaucoup plus efficaces et agréables !

La Rome antique

Pendant l'Antiquité, la petite ville de Rome, un simple village de bergers au départ, est devenue l'un des plus grands empires que l'Histoire ait connu. On distingue trois grandes périodes dans l'histoire de Rome :
- La **royauté** : de la fondation légendaire de Rome par Romulus en 753 av. J-C jusqu'à la révolution qui va chasser le dernier roi en 509 av. J-C.
- La **République** : de 509 av. J-C jusqu'à la guerre civile qui se terminera par la prise de pouvoir du premier empereur romain en 27 av. J-C, Octave-Auguste. Tu connais peut-être l'un des grands généraux de cette période, Jules César.
- L'**Empire romain** : de 27 av. J-C jusqu'à sa chute en 476 après J-C, qui marque la fin de l'Antiquité et le début du Moyen-âge

47 Malheureux gauchers !

Peut-être es-tu gaucher et que tu écris et manges de la main gauche ? Eh bien fort heureusement, tu n'as pas grandi à l'époque romaine ! Pourquoi ? Car dans la Rome antique, il existait une certaine méfiance à l'égard des gauchers. Cette attitude découle en grande partie de croyances culturelles et superstitions de l'époque. Tout d'abord, les Romains avaient tendance à associer la gauche à des présages négatifs et à des superstitions : le mot latin pour dire "gauche" est "sinister", et tu peux voir très vite quel mot français il a donné. Ensuite, dans la religion romaine, les prêtres utilisaient souvent la main droite pour effectuer des rituels sacrés. L'utilisation de la main gauche était considérée comme anormale, ce qui entraînait la méfiance envers les personnes gauchères. Cette méfiance n'était pas systématique ni généralisée.
Et certaines personnalités historiques importantes, telles que l'empereur Néron, étaient gauchères, et elles ont marqué l'histoire de Rome malgré ces croyances.

48 Long, ce mur...

Savais-tu que les Romains ont construit un mur qui a coupé l'Angleterre en deux ? Il s'appelle le Mur d'Hadrien et c'est l'un des monuments les plus célèbres de l'histoire romaine. Pourquoi ont-ils fait ça ? Le mur a été construit sur ordre de l'empereur romain Hadrien, qui régna de 117 à 138 après J.-C. La construction a débuté en 122 après J.-C. et s'est poursuivie pendant plusieurs années. Le mur s'étendait sur environ 120 kilomètres à travers le nord de l'Angleterre, de la mer de l'Est à la mer d'Irlande. Le but principal était de servir de fortification défensive pour l'Empire romain, en protégeant la province des incursions des tribus écossaises. Le mur était composé de fortifications militaires, de tours de guet, de postes de garnison et de portes fortifiées, créant une ligne de défense presque infranchissable. Et aujourd'hui encore, on peut en voir des parties !

49 Des traces de pas figées dans le temps

As-tu déjà entendu parler de Pompéi et de l'énorme éruption d'un volcan pendant l'époque romaine ? Il s'agit de l'éruption du Vésuve en 79 après J.-C., l'une des éruptions volcaniques les plus célèbres de l'histoire. Elle a enseveli les villes romaines de Pompéi et d'Herculanum, près de la ville de Naples, sous des couches de cendres, de pierres ponces et de lave, préservant ainsi de manière extraordinaire de nombreux éléments de la vie quotidienne de l'époque romaine. Parmi les découvertes faites par les archéologues, on trouve des empreintes de pas laissées par les habitants de Pompéi et des animaux alors qu'ils tentaient de fuir l'éruption. Figées grâce à la lave et aux cendres, on peut encore aujourd'hui en voir lorsqu'on se promène le long des flancs du Vésuve : ces empreintes ont presque 2000 ans !

50 Un ciment indestructible

Si les Romains n'ont pas inventé le ciment, ils ont développé et amélioré considérablement sa formule. En effet, les premiers ciments étaient utilisés par les anciens Égyptiens et les Mésopotamiens, mais ces matériaux étaient moins efficaces et moins durables que le ciment romain. Ce dernier était principalement composé de chaux et de cendres volcaniques et les Romains pouvaient également ajouter du sable ou de la pierre concassée pour renforcer la structure. Et l'une des caractéristiques essentielles du ciment romain était sa capacité à prendre même sous l'eau. Cette propriété était particulièrement utile dans la construction de ports, de ponts et d'aqueducs.

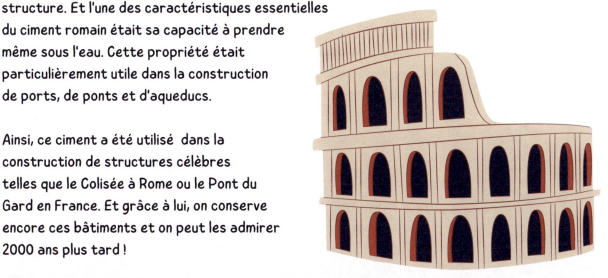

Ainsi, ce ciment a été utilisé dans la construction de structures célèbres telles que le Colisée à Rome ou le Pont du Gard en France. Et grâce à lui, on conserve encore ces bâtiments et on peut les admirer 2000 ans plus tard !

MOYEN ÂGE

51 Accusé cochon, levez-vous !

Tu ne vas pas nous croire, mais au Moyen-âge, une pratique étonnante mais bien réelle était la possibilité de juger et de condamner des animaux ! Oui, tu as bien lu ! On pouvait organiser un procès avec des plaignants et des avocats contre un animal. Cette pratique était influencée par des croyances religieuses et superstitieuses. On croyait en effet que certains animaux pouvaient être responsables de comportements nuisibles à la société, tels que la destruction des cultures, la propagation de maladies ou même des actes de violence. Les animaux étaient ainsi appelés devant le tribunal et avaient des avocats pour les défendre. Les accusations allaient de l'agression à la sorcellerie, en passant par le meurtre d'autres animaux ou d'êtres humains. Ces procès étaient toutefois principalement symboliques, car on savait que les animaux n'avaient pas la capacité de comprendre ou de respecter les lois humaines. Mais cela n'empêchait pas des verdicts étranges, allant de l'exil de l'animal, à sa condamnation à mort ! Étrange, non ?

52 Jean le petit et Marie la rousse

Tu sais que tu as aujourd'hui le nom de famille de ta maman ou de ton papa. Au début du Moyen-âge, ce n'était pas le cas car les noms de familles n'existaient pas et les gens étaient généralement désignés par un seul prénom. Petit à petit, cela a commencé à poser problème à cause de l'augmentation de la population : on n'était plus vraiment capable de différencier tous les gens qui portaient le même prénom. Ainsi, à partir des années 1000, c'est-à-dire à peu près au milieu du Moyen-âge, on a commencé à donner des surnoms descriptifs, comme "Jean le forgeron" ou "Marie la rousse". Ces surnoms étaient souvent basés sur le métier, la ville ou le village ou les caractéristiques physiques de la personne. Et ce n'est que plus tard, à partir de la fin du Moyen-Âge, que l'utilisation généralisée de noms de famille est devenue courante. Et peut-être as-tu toi aussi un nom de famille qui vient du Moyen-âge ?

53 Qui est vraiment le roi Arthur ?

Tu connais sans doute le nom du roi Arthur ? Un roi qui se serait entouré d'excellents chevaliers et qui aurait fait construire une table ronde pour leur réunion. Leur but ? Trouver le Graal, le légendaire vase dans lequel Jésus-Christ aurait bu lors de son dernier repas avec ses disciples et qui aurait également servi à recueillir son sang après sa mort. Eh bien même si la légende d'Arthur a captivé l'imaginaire populaire pendant des siècles, il y a peu de preuves historiques solides pour confirmer son existence. En effet, les livres médiévaux qui le mentionnent ont été écrits bien après la période supposée d'Arthur, au tout début du Moyen-âge. De plus, ces récits sont souvent remplis de folklore et de mythologie, ce qui rend difficile la distinction entre la réalité et la fiction. Les historiens pensent donc qu'Arthur est plutôt une création légendaire qu'une personne réelle. Ce qui ne l'empêche pas d'être resté célèbre jusqu'à aujourd'hui !

54 Le poivre, c'est de l'or

Peux-tu imaginer que pendant toute une partie du Moyen-âge, le poivre avait plus de valeur que l'or lui-même ? Si, si, c'est vrai ! La raison ? Au Moyen-âge, le poivre noir était importé en Europe depuis l'Asie, principalement l'Inde et l'Indonésie, par des routes commerciales terrestres et maritimes longues et dangereuses. Les marchands et les commerçants devaient affronter des conditions difficiles, plus le risque de pillages et de vols. De plus, le poivre noir était hautement recherché en Europe pour sa capacité à rehausser la saveur des aliments et à agir comme conservateur, en l'absence de réfrigérateur. En conséquence, le poivre était considéré comme un produit très précieux, rare et coûteux. Seuls les plus riches, rois et nobles, pouvaient se permettre d'en acheter ! Ce n'est que lorsque les routes commerciales se sont améliorées, à l'époque moderne, que son prix a commencé à baisser progressivement.

Le Moyen-âge

Le Moyen-âge est la période qui va de la chute de l'Empire romaine en 476 à la découverte de l'Amérique par Christophe Colomb en 1492. Souvent considérée comme une période sombre, faite de guerres et d'épidémies, il n'en est en réalité rien ! Le Moyen-âge a vu l'architecture se développer, avec notamment les splendides cathédrales comme Notre-Dame de Paris. C'est aussi la création des premières universités, des échanges culturels et commerciaux avec les pays d'Asie et du Moyen-Orient, le développement des villes... Pas si mal, non ?

Et pour t'en convaincre, on te conseille de lire les pages suivantes...

55 Alors, on danse ?

On te parle ici d'un des événements les plus étranges du Moyen-âge ! Plusieurs fois en Europe, à la fin de cette période, se sont produites des épidémies de danse, également connues sous le nom de "danse de Saint-Guy", pendant lesquelles des groupes de personnes se mettaient à danser et à gesticuler de manière étrange et incontrôlable ! L'un des cas les plus célèbres s'est produit à Strasbourg, en France, lorsque des dizaines de personnes ont été prises de frénésie de danse, dansant sans s'arrêter pendant plusieurs jours, voire des semaines, jusqu'à ce que certains en meurent d'épuisement.

Et encore aujourd'hui, on n'est pas capable d'expliquer avec certitude la cause de ces comportements !

56 Quelqu'un a vu mes lunettes ?

Portes-tu des lunettes ? Si c'est le cas, tu peux remercier les savants italiens du Moyen-âge, car ce sont eux qui ont inventé les premières ! En effet, une des premières références aux lunettes dont on dispose remonte à l'année 1286, lorsqu'un moine italien nommé Giordano da Rivalto, a écrit à leur sujet dans un ouvrage. Ces premières lunettes étaient assez rudimentaires, composées de verres de loupes, montés dans des cadres en bois ou en métal. Elles étaient principalement utilisées pour corriger la presbytie, un trouble de la vision qui affecte la capacité à voir de près. En revanche, il existait déjà en Chine depuis des siècles des lentilles optiques en verre. Mais ces lentilles étaient utilisées principalement à des fins d'observation du ciel, comme des télescopes.

Les lunettes ont rapidement gagné en popularité en Europe, et leur conception a évolué pour inclure des montures plus élaborées et des verres de différentes formes. Elles ont non seulement aidé les personnes atteintes de problèmes de vision, mais elles ont également trouvé des applications dans d'autres domaines, comme l'astronomie ou les sciences.

57 Les chardons sauvent l'Ecosse

Tu connais le chardon, cette plante piquante qui pousse dans les champs ? Si tu as déjà regardé des matchs de sport, tu sais aussi qu'elle décore les maillots de l'équipe d'Ecosse. Pourquoi ? Car c'est le symbole de ce pays depuis le Moyen-âge. La légende veut en effet que dans les années 800 du Moyen-âge, les Ecossais durent subir des attaques répétés de la part d'un peuple venu du Nord, les Vikings. Une nuit, des guerriers vikings ont tenté d'approcher discrètement du camp des soldats écossais, mais l'un d'entre eux aurait marché sur un chardon, provoquant un cri de douleur qui aurait alerté les Écossais endormis. Ainsi, les Écossais ont pu se défendre contre l'invasion et sauver leur pays. Si cette histoire est souvent racontée en Écosse, elle repose principalement sur des légendes et il n'y a pas de preuve solide pour confirmer l'incident du chardon. Néanmoins, il est devenu un symbole important de l'Écosse jusqu'à aujourd'hui !

58 Des livres enchaînés !

Il est peu probable qu'au moment de ranger ce livre, tu l'attaches à une chaîne et un cadenas pour ne pas qu'on te le vole pendant la nuit ! Et pourtant, cette méthode était couramment utilisée au Moyen-âge et jusqu'au début de la Renaissance pour protéger les livres rares et précieux dans les bibliothèques des monastères, des universités et des châteaux. En effet, les livres étaient écrits à la main, ce qui les rendait coûteux et difficiles à reproduire : les bibliothécaires et les propriétaires de livres prenaient donc des mesures pour éviter le vol ou la perte de ces objets précieux. Ainsi, les livres étaient souvent enchaînés à des étagères spécialement conçues pour cela. Une chaîne métallique était attachée à une extrémité du livre, tandis que l'autre extrémité était fixée à la structure. Cela permettait aux lecteurs de consulter les livres sur place tout en empêchant quiconque de les emporter. L'une des bibliothèques les plus célèbres à avoir utilisé cette méthode était la bibliothèque de l'Université de Cambridge, en Angleterre. Les chaînes étaient aussi souvent assorties de plaques métalliques gravées indiquant le titre du livre, facilitant ainsi son identification.

59 La guerre de 116 ans

Peut-être as-tu déjà entendu parler de la Guerre de Cent Ans, une des guerres les plus longues que l'humanité ait connu ? Cent Ans ? Oui, car c'est le temps qu'elle a duré. C'est une guerre complexe entre l'Angleterre et la France qui s'est déroulée du milieu du XIVe siècle au milieu du XVe siècle. Mais malgré son nom, la guerre n'a pas duré exactement 100 ans, mais plutôt 116 ans, de 1337 à 1453. Et pour être encore plus précis, il ne s'agit pas vraiment d'une guerre qui aurait duré pendant 116 sans s'arrêter, mais plutôt d'une série de conflits et de campagnes militaires tout au long de cette période, parfois avec des pauses de plusieurs années. Les soldats ne sont donc pas battus pendant 100 ans sans s'arrêter ! La France et l'Angleterre ont connu chacune des périodes de succès et d'échec, mais le conflit s'est finalement terminé en 1453 lorsque les Français ont réussi à chasser définitivement les Anglais du territoire de la France.

60 La paysanne héroïne

On ne peut pas parler de la Guerre de Cent Ans, juste au-dessus, sans raconter la légende de Jeanne d'Arc, l'une des plus célèbres de l'histoire de France. Et je suis sûr que tu connais son nom ! C'est l'histoire d'une jeune paysanne française, née en 1412, qui a joué un rôle crucial pendant la Guerre de Cent Ans entre l'Angleterre et la France. L'histoire raconte que Jeanne a entendu des voix divines, dont celle de l'archange Michel, lui demandant de soutenir le prince Charles VII dans sa revendication au trône de France, occupé par les Anglais. Elle a réussi à convaincre Charles VII de lui permettre de diriger les troupes, et elle a mené plusieurs victoires militaires, notamment le siège d'Orléans en 1429. Cependant, Jeanne d'Arc a été capturée par les Anglais en 1430 et a été jugée pour sorcellerie. Elle a été condamnée à mort et brûlée sur le bûcher en 1431 à Rouen. Après sa mort, sa réputation a commencé à croître rapidement, faisant d'elle un symbole de la France et célébrée dans la culture populaire, la littérature, l'art, ou encore le cinéma.

61 On est bientôt arrivés ?

Un autre grand personnage du Moyen-âge est l'explorateur Marco Polo, un italien devenu célèbre pour ses voyages et les récits de ses aventures en Asie. En effet, à seulement 17 ans, il a entrepris un immense voyage avec son père et son oncle vers l'Asie, voyageant sur la célèbre Route de la Soie. Son périple l'a conduit à travers le Moyen-Orient, l'Inde et la Chine, où il a passé plus de 20 ans à servir l'empereur mongol Kubilai Khan en tant qu'ambassadeur et administrateur. Il a parcouru des milliers de kilomètres et a vécu dans des endroits exotiques, où il a appris les coutumes, les langues et les cultures locales. Mais ses aventures ne s'arrêtent pas là ! À son retour en Europe en 1295, Marco Polo a été emprisonné à la suite d'une guerre entre Venise et Gênes. Pendant son emprisonnement, il a dicté ses souvenirs de voyage à un compagnon de cellule, qui les a rédigés sous forme de livre intitulé "Le Livre des Merveilles du Monde". Ce livre a été l'un des premiers récits de voyage à décrire l'Asie et a eu un impact significatif sur la connaissance géographique de l'Europe à l'époque !

62 Le grand Charles

Tu connais sans doute Charlemagne, grand empereur carolingien, un souverain très important de l'Europe au début du Moyen-âge. Il a conquis un vaste territoire, unifiant de nombreuses régions sous son autorité, y compris la France, l'Allemagne et l'Italie. Il a été couronné empereur par le pape en l'an 800. Mais sais-tu d'où vient son nom ? Charlemagne vient en réalité du latin, la langue utilisée à cette époque en Europe : "Carolus Magnus". En français, Charles le Grand. Pourquoi le Grand ? A cause de la grandeur de son règne, bien sûr, qui a fait de lui l'un des plus grands souverains européens. Mais pas seulement. Grand car pour son époque, c'était un géant ! En effet, lors de l'ouverture de son tombeau en Allemagne, pour le restaurer et le réparer, on a pu vérifier ce que disaient les hommes de son époque à propos de sa taille : il mesurait 1m92 ! Pas mal, non ?

63 Empereur à 16 ans

Imagines-tu un adolescent de 16 ans à la tête d'un des plus grands empires qui ait jamais existé ? Non ? Eh bien c'est pourtant ce qui s'est produit avec Romulus Augustule, le dernier empereur romain, celui qui a fait la transition entre l'Antiquité et le Moyen-âge. En effet, c'est la date où il a été contraint de laisser le pouvoir que les historiens ont choisie pour définir le début du Moyen-âge. Fils du grand général Oreste, qui avait chassé l'empereur précédent, Romulus Augustule a été couronné empereur romain le 31 octobre 475, à l'âge d'environ 16 ans ! Mais que l'on ne s'y trompe pas, c'est en réalité son père qui s'occupait du gouvernement. Quant à Romulus, son règne a été court et marqué par des guerres, notamment les fameuses "Invasions barbares". À peine un an plus tard, en 476, un chef de guerre du nom d'Odoacre le chasse du pouvoir et met fin à l'Empire romain. Et on ignore ce qu'il est advenu de ce jeune empereur déchu ensuite...

64 Qu'as-tu encore inventé ?

Savais-tu que le scaphandre pour respirer sous l'eau et l'hélicoptère avaient été inventés au Moyen-âge ? Non, on plaisante bien sûr, mais un grand savant dont tu connais peut-être le nom, Léonard de Vinci, a dans ses livres imaginé de tels appareils ! Léonard de Vinci (1452-1519), un italien, était un véritable génie, célèbre pour ses talents artistiques, mais également pour ses remarquables inventions. Parmi elles, on retrouve notamment l'ornithoptère, une sorte de machine volante inspirée des oiseaux. Bien qu'il n'ait pas réussi à la construire de son vivant, son concept a influencé le développement de l'aviation moderne. Et il a également élaboré des plans pour un scaphandre précurseur de la plongée sous-marine, avec un système de tubes pour la respiration sous l'eau ! Si tu t'intéresses à lui, on te conseille chercher d'autres reconstitutions des machines qu'il a imaginées, car c'était un visionnaire dont les idées ont souvent été en avance sur son temps. Bien que bon nombre de ses inventions n'aient jamais été construites de son vivant, elles ont inspiré des générations d'inventeurs et ont laissé une empreinte durable sur le monde de la technologie et de la science.

65 Le royaume mystérieux

Un royaume chrétien puissant et dirigé par un prêtre en Asie ? Oui, c'est ce que l'on a cru pendant une longue partie du Moyen-âge et de la Renaissance. Et pourtant, aujourd'hui, nous sommes à peu près sûrs qu'il n'a jamais existé. Alors quelle est cette étrange histoire ? Selon la légende, le royaume du prêtre Jean était un royaume chrétien fabuleux situé quelque part en Orient : on le dit parfois en Asie centrale ou en Inde, mais certains parlent parfois même de l'Afrique. Le dirigeant de ce royaume était un prêtre chrétien, souvent appelé "prêtre Jean" ou "roi Jean," réputé pour être un monarque chrétien très puissant. La légende prétendait que ce royaume était riche, prospère et avancé sur le plan technologique. Cependant, les explorateurs européens, tels que Marco Polo, ont cherché ce royaume lors de leurs voyages mais personne ne l'a jamais trouvé. Et pour cause. Nous sommes sûrs aujourd'hui le roi Jean n'a jamais existé et qu'il n'est que le fruit de l'imagination de certaines personnes. Elle nous montre toutefois l'importance qu'avaient les régions exotiques au Moyen-âge, à une époque où le monde était encore très mal connu.

66 La guerre des roses

La Guerre des Deux-Roses... Drôle de nom pour une guerre, non ? C'est pourtant le nom d'une période de conflit qui s'est déroulée à la toute fin du Moyen-âge en Angleterre, après la Guerre de Cent Ans, et plus précisément entre 1455 et 1487. Elle tient son nom des roses que les deux familles royales d'Angleterre avaient pour symbole : la maison d'York, symbolisée par une rose blanche, et la maison de Lancastre, symbolisée par une rose rouge. Il serait trop compliqué ici de revenir sur les raisons de cette guerre, mais pour résumer les deux familles se sont battues pour récupérer la couronne d'Angleterre. Le conflit a été marqué par des batailles féroces, des trahisons et des renversements de fortune qui ont marqué l'histoire de ce pays. La Guerre des Deux-Roses a finalement pris fin en 1487, lorsque les "Roses rouges" ont battu les "Roses blanches".

Et aujourd'hui encore, la rose reste l'un des symboles de l'Angleterre !

ÉPOQUE MODERNE

67 L'homme qui n'a jamais fini son tour du monde

Peut-être as-tu déjà entendu parler Magellan, l'explorateur célèbre pour avoir été le premier à faire le tour du monde ? Eh bien en réalité, Magellan ne l'a jamais terminé et n'est jamais rentré en Espagne, d'où il était parti ! Comment est-ce possible ? Pour le savoir, il faut remonter au début de l'expédition. L'objectif de Magellan, parti en 1519, était de trouver une nouvelle route pour le commerce des épices en contournant le continent américain, qui avait été découvert par Christophe Colomb quelques années auparavant. Après de nombreuses épreuves et découvertes, dont le détroit de Magellan en Amérique du Sud qui porte son nom, ses cinq bateaux ont atteint les Philippines en 1521. C'est là que l'expédition a connu un tournant tragique. En effet, Magellan a été tué lors d'un affrontement avec des habitants locaux, frappé par une flèche empoisonnée. Ainsi, c'est son lieutenant, Juan Sebastián Elcano, qui a pris le commandement de l'expédition. Leur navire, le Victoria, est le seul à avoir survécu et il a continué son voyage autour de l'Afrique, achevant le premier tour du monde en 1522. Et même si Magellan n'a pas survécu pour voir l'accomplissement de son objectif initial, c'est son nom qui est resté dans les mémoires.

68 La chute de l'or

Sais-tu qu'il est possible qu'un événement fasse chuter le prix et la valeur d'une marchandise, et notamment de l'or ? C'est ce qu'il s'est passé en 1571, suite à un événement majeur de l'époque moderne : la bataille de Lépante. Non seulement il s'agit d'une des plus grandes batailles navales qui ait jamais eu lieu, mais elle a eu des conséquences inattendues : elle a fait baisser la valeur de l'or ! Comment ? La bataille a eu lieu le 7 octobre 1571 et elle a opposé la Sainte Ligue, une coalition chrétienne dirigée par l'Espagne, à l'Empire ottoman, le grand empire turc. La bataille de Lépante a été une victoire décisive pour la Sainte Ligue, notamment grâce à l'intervention des navires espagnols. Et lors de cette bataille, les forces de la Sainte Ligue ont réussi à capturer plusieurs bateaux turcs chargés de trésors, y compris de l'or, de l'argent et des pierres précieuses. L'acquisition de ce butin considérable a entraîné une augmentation soudaine de la quantité d'or en Europe, il est devenu moins rare, et ainsi son prix a chuté pendant une petite période ! Il est cependant vite remonté.

69 Une étrange traînée dans le ciel

As-tu déjà entendu parler de la comète de Halley ? Il s'agit d'une comète, c'est-à-dire un petit astre constitué d'un noyau de glace et de poussière, qui tourne autour d'un étoile. Elle a été découverte en 1682 par l'astronome anglais Edmond Halley et a été un événement majeur pour l'astronomie. L'histoire de sa découverte commence lorsque Halley a examiné les observations précédentes de comètes. Il a remarqué que certaines comètes semblaient avoir des tracés similaires et qu'elles réapparaissaient périodiquement. Il en a conclu que la comète qu'il avait vue en 1682 était la même que celles observées précédemment en 1531 et 1607. Il a également prédit que la comète réapparaîtrait en 1758. La prédiction de Halley s'est avérée correcte, car la comète est réapparue en décembre 1758, conformément à ses calculs ! Cette confirmation de la périodicité des comètes a marqué une avancée significative dans la compréhension des phénomènes célestes. Malheureusement pour Halley, il était déjà décédé au moment du passage de la comète (il aurait eu 102 ans en 1758 !). Mais on lui a donné son nom et la comète de Halley est l'une des plus célèbres et observées : et elle revient dans notre ciel tous les 76 ans environ.

Alors, après son passage en 1986, rendez-vous en 2061 !

70 Le grand incendie

L'époque moderne est pour la ville de Londres, la capitale de l'Angleterre, la période du plus grand incendie qu'ait connu la ville. En effet, en 1666, une grande partie de la ville a été complètement détruite par les flammes. Et sais-tu d'où est parti cet incendie ? D'une boulangerie ! Tout commence dans la boutique du boulanger Thomas Farriner, le 2 septembre 1666 : des braises chaudes de la cheminée de la boulangerie ont accidentellement allumé des matériaux inflammables à l'intérieur de l'établissement. En raison des vents forts et des maisons étroitement espacées en bois, le feu s'est rapidement propagé et a englouti une grande partie de la ville. Le Grand Incendie de Londres a duré trois jours et a détruit environ 87 églises et 13 200 maisons ! Heureusement, malgré son ampleur, peu de vies ont été perdues, car la plupart des habitants ont réussi à fuir à temps.

L'époque moderne

L'époque moderne, ou Temps modernes, est la période qui s'étend de la fin du Moyen-âge, c'est-à-dire avec la découverte de l'Amérique par Christophe Colomb en 1492, à la Révolution française de 1789. C'est une période assez courte mais qui est pourtant le théâtre d'événements et de découvertes importants. En effet, c'est la période de la Renaissance, des Grandes Découvertes, mais aussi des grandes monarchies comme celles de Louis XIV, le Roi Soleil, ou encore de la naissance des Etats-Unis. Mais pas seulement, car c'est aussi une grande période de découvertes scientifiques avec de grands savants comme Newton, Galilée ou Copernic. Oui, rien que ça ! Et malheureusement, nous n'aurons pas le temps de te parler de tout.

71 Potions et chaudrons

On pense souvent que c'est au Moyen-âge que l'on avait peur des sorcières et que l'on a commencé à les chasser. Pourtant, c'est plus tard, pendant l'époque moderne, que l'on a commencé à véritablement s'y intéresser. Et l'un des épisodes les plus marquants est celui des sorcières de Salem, qui s'est produit en 1682. Cet événement a débuté lorsque plusieurs jeunes filles, dont Betty Parris et Abigail Williams, ont commencé à manifester des comportements étranges et à souffrir de convulsions et de crises. Les médecins locaux n'ont pas pu expliquer ces symptômes, et les jeunes filles ont finalement accusé des femmes de la région d'être responsables de leur mal. Ces accusations ont déclenché une vague de suspicion et de hystérie collective. Des procès ont été organisés, au cours desquels les accusées ont été soumises à des interrogatoires et à des pressions pour avouer leur sorcellerie. Les témoignages étaient souvent basés sur des rumeurs et des suppositions, sans véritable preuve. Et ce sont vingt personnes qui ont été exécutées à la suite de ces procès ! Plusieurs autres ont aussi été emprisonnées. L'hystérie s'est finalement calmée en 1693 lorsqu'un juge a mis fin aux procès des sorcières, reconnaissant qu'ils étaient basés sur des preuves insuffisantes.

72 Un mystérieux prisonnier masqué

Une prison, un homme inconnu, un masque de fer... Rien de mieux pour une étrange histoire, n'est-ce pas ? C'est ce qu'il s'est produit, à la fin du XVIIe siècle et au début du XVIIIe siècle, dans l'affaire qu'on a appelée "L'homme au masque de fer" et qui est l'un des mystères les plus intrigants de l'époque moderne. Cet homme a été emprisonné sous le règne de Louis XIV en France, à partir de 1669. Il a été transporté entre différentes prisons et sa particularité était qu'il portait constamment un masque de fer, ce qui empêchait quiconque de voir son visage et d'identifier son identité. Plusieurs théories ont été avancées : peut-être était-il un frère jumeau du roi Louis XIV, un parent disgracié ou un espion ? L'une des théories les plus courantes est que l'homme au masque de fer était un homme de naissance noble, peut-être lié à la couronne, qui avait été emprisonné pour des raisons politiques afin de protéger le secret de sa véritable identité. Quoiqu'il en soit, cette affaire a suscité un grand intérêt et de nombreuses spéculations au fil des siècles. Mais son identité réelle n'a jamais été confirmée et le mystère demeure... Tu peux peut-être mener l'enquête !

73 Qui veut ma tulipe ?

Tu connais forcément la tulipe, cette belle fleur de couleur qui pousse dans les jardins. Sais-tu aussi que c'est le symbole des Pays-Bas et que c'est une fleur très appréciée là-haut ? Et pourtant, la tulipe s'est retrouvée au cœur d'une étrange histoire. En effet, pendant quelques années, les tulipes ont atteint des prix astronomiques, l'équivalent du prix de deux maisons ou de quinze années de salaire ! Tout a commencé lorsque les tulipes, qui ont été introduites aux Pays-Bas depuis la Turquie dans les années 1500, sont devenues de plus en plus très populaires dans le pays. Elles présentaient des couleurs et des motifs spectaculaires, ce qui les rendait très prisées en tant que symboles de statut et de richesse. Des acheteurs ont commencé à acheter des bulbes de tulipes à des prix de plus en plus élevés, pariant sur le fait que leur valeur continuerait d'augmenter et qu'ils pourraient ensuite les revendre encore plus chers. Mais en 1637, les acheteurs ont commencé à réaliser que les prix étaient beaucoup trop hauts et tout le monde a souhaité vendre ses bulbes de tulipes : leur prix s'est effondré et certaines personnes se sont même retrouvés ruinées !

74 Vous ne voudriez pas vous dépêcher un peu ?

Connais-tu le château de Versailles ? Celui de la Galerie des Glaces, des jardins, et bien sûr de Louis XIV, le Roi Soleil. Le plus beau château de France, qui a servi de résidence aux roi jusqu'à la Révolution française et qui est aujourd'hui l'un des monuments les plus visités de France. Oui, sans doute. Et si on te disait qu'il a fallu 49 ans pour construire ce château… En effet, La construction du château de Versailles, situé à quelques kilomètres de Paris, a débuté en 1661, lorsque Louis XIV a décidé de transformer le pavillon de chasse de son père, Louis XIII, en un palais somptueux. L'architecte Louis Le Vau a conçu les plans, tandis que le paysagiste André Le Nôtre a créé les jardins qui entourent le palais. Le château a été conçu pour refléter la puissance et la grandeur de la France. C'est ce que voulait Louis XIV. Ainsi, il est orné de somptueuses décorations, de fresques, de miroirs et de dorures, et bien sûr de magnifiques jardins. Mais ce que l'on sait moins, c'est qu'en réalité, Louis XIV a toujours vécu dans un château en construction : il n'a été terminé qu'en 1710, soit 49 ans après le début ! Et d'autres parties du palais ayant été construites après, Louis XIV ne l'a jamais connu comme on le voit aujourd'hui.

75 Cette pomme m'a donné une idée

As-tu déjà entendu parler d'Isaac Newton, le célèbre astronome et mathématicien anglais qui a vécu au XVIIe siècle ? On raconte une drôle d'histoire à son sujet : Newton aurait fait une de ses plus importantes découvertes grâce à une pomme qui lui serait tombée sur la tête ! Pardon ? Si, si ! Il s'agit d'une histoire célèbre qui aurait eu lieu en 1666, bien que l'on ignore si elle s'est véritablement déroulée. En tout cas, elle illustre la manière dont Newton a fait sa découverte. Ainsi, selon la légende, Isaac Newton était assis sous un pommier dans son jardin à Woolsthorpe, en Angleterre, lorsqu'une pomme serait tombée de l'arbre et aurait heurté sa tête. Ce petit incident l'aurait conduit à comprendre comment les objets tombent par rapport à la Terre et comment ils s'attirent entre eux. C'est un peu compliqué, mais tu l'apprendras plus tard !

76 Un drôle de croissant

Je suis sûr que tu aimes beaucoup les croissants. Surtout ceux achetés encore tout chauds à la boulangerie ! Mais sais-tu d'où vient cette forme étrange en forme de croissant de lune dont ils tirent leur nom ? Cela remonte à un épisode de l'histoire moderne, pendant laquelle les pays européens étaient souvent en guerre contre les Turcs : en 1683, les armées turques ont tenté d'attaquer la ville de Vienne, en Autriche. Et devant l'arrivée de l'armée turque, les habitants se sont réfugiés derrière les murs de la ville. Pour tenter d'y entrer, les Turcs auraient construits des tunnels sous la terre pour passer de l'autre côté des murs et surprendre les habitants. Mais la légende raconte que des boulangers autrichiens ont entendu le bruit des soldats qui creusaient ces tunnels. En effet, ils se levaient tôt le matin pour préparer leur pain. Les Autrichiens ont alors réussi à battre les Turcs et pour célébrer leur victoire, les boulangers auraient décidé d'inventer une pâtisserie en forme de croissant, emblème qui figurait sur les drapeaux de leurs ennemis.

77 Un mystérieux trésor

Un mystérieux trésor pirate enterré sur une île ? Après tout, c'est bien possible. Cette histoire commence avec un célèbre pirate qui a bien existé, Edward Teach, plus connu sous le surnom de Barbe Noire. C'était un pirate anglais qui a navigué et attaqué des bateaux dans les îles des Caraïbes et le long de la côte est de l'Amérique du Nord au début du XVIIIe siècle. Son navire le plus célèbre était le "Queen Anne's Revenge", un navire capturé et modifié pour devenir l'un des navires pirates les plus redoutables de son époque. Au fil des années et de ses attaques, Barbe Noire aurait amassé un butin considérable. Mais lorsqu'il est tué en 1718 lors d'une bataille avec un bateau du royaume d'Angleterre, personne ne sait où se trouve ce qu'il a amassé pendant ces années de piraterie. En effet, il n'a pas laissé de carte ou d'indices précis quant à l'emplacement de son trésor. Au fil du temps, de nombreuses légendes et récits ont suggéré que le trésor de Barbe Noire pourrait être caché quelque part dans les îles des Caraïbes. Des chasseurs de trésors et des chercheurs ont tenté de le localiser, mais jusqu'à présent, aucune trace n'en a été retrouvé, et on ne sait même pas s'il existe vraiment !

78 Haut dans le ciel

Sais-tu d'où vient le nom de montgolfière, ces grands ballons qui s'élèvent dans le ciel ? Du nom de deux frères, Joseph-Michel et Jacques-Étienne Montgolfier, qui ont réalisé le le premier vol en montgolfière en 1783. Inventeurs, ils ont conçu un ballon rempli d'air chaud qui permettait de s'élever dans les airs. Le 4 juin 1783, à Annonay, en France, ils ont effectué leur première expérience en faisant décoller un ballon montgolfière non habité, qui s'est élevé à une hauteur d'environ 1000 mètres avant de redescendre. L'expérience a été un succès et a conduit à la réalisation du premier vol humain en montgolfière le 19 septembre 1783, à Versailles, en présence du roi Louis XVI et de la reine Marie-Antoinette. Les passagers de ce vol étaient Jean-François Pilâtre de Rozier, un physicien, et François Laurent d'Arlandes, un militaire. Le vol s'est bien passé, et la montgolfière a encore atteint une altitude d'environ 1000 mètres et a parcouru une distance d'environ 9 kilomètres en 25 minutes ! Un exploit historique et ce vol a ensuite ouvert la voie à l'exploration du ciel et aux débuts de l'aviation.

ÉPOQUE CONTEMPORAINE

80 Une immense explosion

C'est au début de l'époque contemporaine, à l'époque de Napoléon, que s'est déroulée l'une des plus puissantes éruptions d'un volcan: celui du mont Tambora, en Indonésie, dont l'explosion en avril 1815 a eu des conséquences dans le monde entier. En effet, l'éruption a libéré d'énormes quantités de cendres volcaniques, de gaz et de particules dans l'atmosphère, provoquant une obscurité sévère dans de nombreuses régions. Cela a entraîné une chute des températures globales pendant plusieurs années : on appelle souvent 1816 "l'année sans été". En conséquence, les récoltes n'ont pas pu avoir lieu dans de nombreuses parties du globe, entraînant des problèmes de récoltes et des famines. Aux Etats-Unis par exemple, de nombreuses familles ont migré vers l'ouest du pays à la recherche de terres agricoles plus hospitalières. Heureusement qu'on ne vit pas près d'un volcan, n'est-ce pas ?

81 Souriez !

C'est en 1826 qu'a été réalisée la première photographie de l'histoire. Elle a été faite en 1826 par Joseph Nicéphore Niépce, un inventeur français. Cette photographie, connue sous le nom de "Point de vue du Gras", est une image en noir et blanc d'une vue depuis la fenêtre de Niépce à Saint-Loup-de-Varennes, en France. Pour créer cette photographie, Niépce a utilisé une plaque d'étain recouverte de bitume, une sorte de pierre noire ressemblant à du charbon. Il a exposé la plaque à la lumière pendant plusieurs heures, capturant ainsi l'image qui était projetée sur la plaque par la fenêtre. Les parties exposées à la lumière sont devenues plus claires, tandis que les parties protégées par l'ombre de la fenêtre sont restées sombres. La photographie était née. Cependant, le processus était long et compliqué et la qualité de l'image n'était pas aussi nette que celle que nous connaissons aujourd'hui. Il a fallu ensuite des années de développement par d'autres inventeurs pour améliorer la technique et rendre la photographie plus accessible.

82 C'est quoi ce truc moche ?

Es-tu déjà allé voir la Tour Eiffel, à Paris ? Si c'est le cas, on est sûrs que tu as été impressionné par cet incroyable bâtiment. Et pourtant, sache qu'après sa construction, elle a failli être démontée ! La Tour Eiffel a été conçue par l'ingénieur Gustave Eiffel et construite pour l'Exposition universelle de Paris de 1889, célébrant le centenaire de la Révolution française. Elle a été érigée en moins de deux ans, de 1887 à 1889, et sa structure métallique était une prouesse technique remarquable pour l'époque. Cependant, de nombreux Parisiens ont accueilli la Tour Eiffel avec mécontentement, la qualifiant de "squelette" ou de "monstre de fer". Des pétitions ont été signées pour tenter de faire démolir la tour après l'Exposition universelle. Mais avec le temps, elle a gagné en popularité et est rapidement devenue un symbole emblématique de Paris et de la France, et aujourd'hui, elle est l'une des attractions les plus célèbres et les plus visitées au monde ! Pas si mal pour un truc "moche", non ?

83 Le président américain et le duel de l'honneur

As-tu déjà entendu parler d'Abraham Lincoln ? C'est un président américain élu de 1861 à 1865, célèbre pour avoir interdit l'esclavage aux Etats-Unis et considéré comme un des plus grands présidents de ce pays. Un épisode de sa jeunesse aurait pu pourtant l'empêcher d'obtenir cette fonction. En effet, en 1842, Lincoln est à l'époque un jeune avocat, et il écrit un série d'articles dans un journal dans lesquels il critique l'action d'un homme politique de sa région, James Shields. Ces articles ont suscité la colère de Shields qui a demandé des excuses publiques à Lincoln. Lincoln ayant refusé de s'excuser publiquement, Shields a proposé que leur désaccord se règle par un duel, c'est-à-dire un combat à l'épée ou au pistolet. Le duel a bien été organisé, mais il a été évité à la dernière minute grâce à l'intervention d'amis des deux hommes. Le duel n'a donc jamais eu lieu, mais l'épisode a illustré l'importance de l'honneur et de la réputation à cette époque. Quant à Lincoln, il connaîtra néanmoins un fin tragique en étant assassiné en 1861, alors qu'il venait être réélu président.

L'époque contemporaine

L'époque contemporaine, c'est... la période dans laquelle nous sommes toujours ! En effet, elle débute avec la Révolution française en 1789 et s'étend jusqu'à aujourd'hui. C'est la période de l'histoire que l'on connaît le mieux car on a désormais des livres, photographies, vidéos, qui nous permettent de mieux comprendre les événements. Et il s'en est passé des choses ! La Révolution française, la Première Guerre mondiale, la Deuxième Guerre mondiale, et tellement d'invention incroyables comme la bombe atomique ou Internet... Bref, tu te doutes que l'on ne pourra pas te parler de tout, mais on va quand même essayer de t'en apprendre un peu plus sur cette période et les faits incroyables qui s'y sont déroulés...

84 La dictée la plus dure du monde

Aimes-tu les dictées ? Peut-être que non, comme beaucoup d'entre nous. Mais elle nous est pourtant indispensable pour apprendre à bien écrire le français sans faute d'orthographe ! Et il existe dans l'histoire de la France une dictée célèbre, considérée comme une des plus dures, demandée par l'impératrice Eugénie, la femme de Napoléon III, alors empereur de la France. En effet, pour distraire l'empereur et son entourage, Eugénie aurait demandé à un écrivain célèbre, Prosper Mérimée, de rédiger et proposer une dictée. Celle-ci aurait été dictée en 1857. Tu veux connaître les résultats ? Napoléon III, l'empereur, aurait fait soixante-quinze fautes, l'impératrice soixante-deux, Alexandre Dumas, un autre grand écrivain, vingt-quatre ! Et le meilleur score aurait été réalisé par un ambassadeur présent, Metternich, un Autrichien, avec seulement 3 ! Un comble ! Et comme nous, on aime bien les défis, on te l'as mise à côté pour que tu t'entraînes !

Pour parler sans ambiguïté, ce dîner à Sainte-Adresse, près du Havre, malgré les effluves embaumés de la mer, malgré les vins de très bons crus, les cuisseaux de veau et les cuissots de chevreuil prodigués par l'amphitryon, fut un vrai guêpier.

Quelles que soient et quelqu'exiguës qu'aient pu paraître, à côté de la somme due, les arrhes qu'étaient censés avoir données la douairière et le marguillier, il était infâme d'en vouloir pour cela à ces fusiliers jumeaux et mal bâtis et de leur infliger une raclée alors qu'ils ne songeaient qu'à prendre des rafraîchissements avec leurs coreligionnaires.

Quoi qu'il en soit, c'est bien à tort que la douairière, par un contresens exorbitant, s'est laissé entraîner à prendre un râteau et qu'elle s'est crue obligée de frapper l'exigeant marguillier sur son omoplate vieillie. Deux alvéoles furent brisés, une dysenterie se déclara, suivie d'une phtisie.

- Par saint Martin, quelle hémorragie, s'écria ce bélître ! À cet événement, saisissant son goupillon, ridicule excédent de bagage, il la poursuivit dans l'église tout entière

85 Le cimetière des chiens

Sais-tu qu'il existe à Paris un cimetière pour les animaux de compagnie ? Si, si, c'est vrai ! On le surnomme "Le Cimetière des Chiens", même si il est officiellement connu sous le nom de "Cimetière des Chiens et Autres Animaux Domestiques". Cet étrange cimetière a été fondé en 1899 par l'actrice Marguerite Durand. À l'époque, il n'existait pas de lieu dédié à la sépulture des animaux de compagnie, et beaucoup de gens considéraient leurs animaux comme des membres de la famille. Marguerite Durand a eu l'idée de créer ce cimetière pour offrir un lieu de repos digne à ces fidèles compagnons. Le cimetière a été inauguré le 6 août 1899 à Asnières-sur-Seine, près de Paris, et il est rapidement devenu populaire. Il accueille non seulement des chiens, mais aussi d'autres animaux de compagnie, comme des chats, des chevaux et même des singes. Au fil des années, le Cimetière des Chiens est devenu un site historique et culturel et aujourd'hui, il continue d'accueillir les animaux de compagnie et leurs propriétaires, perpétuant ainsi cette tradition exceptionnelle dans l'histoire de Paris.

86 La guerre des émeus

Connais-tu les émeus, ces grands oiseaux semblables à des autruches qui ne savent pas voler ? L'histoire que l'on va te raconter ici est l'une des plus étranges qui soit jamais arrivée dans l'histoire humaine. On l'appelle "La guerre des émeus" et elle se déroule en Australie dans les années 1930. Dans ces années, l'Australie faisait face à de grandes difficultés, notamment agricoles. Les fermiers avaient vu leurs récoltes de blé détruite à cause d'une forte population d'émeus, qui détruisaient leurs cultures. En novembre 1932, le gouvernement australien a décidé d'envoyer un groupe de soldats armés de mitrailleuses pour tenter de contrôler le nombre d'émeus. Oui, mais cela ne s'est pas passé comme prévu. En effet, la campagne s'est avérée être un échec, car les émeus étaient rapides et agiles, et les soldats avaient du mal à les viser. Après environ un mois de "guerre", au cours de laquelle seulement environ 1 000 des 20 000 émeus prévus avaient été abattus, le gouvernement australien a finalement retiré les troupes en janvier 1933, et il a été l'objet de beaucoup de moqueries !

87 Le château de la Belle au bois dormant

On aimerait tous pouvoir vivre un jour dans un château comme on le voit dans les contes de fée. Eh bien sache que l'on retrouve ce genre de châteaux en Allemagne, qu'ils existent encore, et qu'ils ont été construits il n'y a pas si longtemps que cela ! En effet, à la fin du XIXe siècle, a vécu un roi qui s'appelait Louis II de Bavière et qui vivait dans le sud de l'Allemagne. Or Louis était un roi excentrique qui a fait construire des châteaux extravagants, notamment le château de Neuschwanstein, le château de Linderhof et le château d'Hohenschwangau. Le château de Neuschwanstein, en particulier, perché sur une montagne, est devenu emblématique et a inspiré le château de la Belle au bois dormant de Walt Disney. Malheureusement, cette passion pour la construction de châteaux a entraîné des problèmes financiers considérables, et Louis a finalement été déclaré fou et destitué de son trône en 1886, décédant peu de temps après dans de circonstances mystérieuses, ce qui a rajouté à sa légende.

88 Vous êtes sûr qu'il n'est pas un peu jeune ?

Imagines-tu un bébé de 2 ans pour devenir empereur et diriger un immense empire ? C'est pourtant ce qu'il s'est passé en Chine, au début du XXe siècle. Le nom de ce bébé est Puyi, né le 7 février 1906, et il était le neveu de l'empereur chinois Guangxu. Lorsque ce dernier est mort sans enfant en 1908, Puyi est choisi pour lui succéder : il a alors 2 ans ! Mais dans la réalité, Puyi n'a bien sûr pas pu prendre de décisions et ce sont un ensemble de ministres qui ont dirigé la Chine. Puyi a eu ensuite une histoire mouvementée car à cause d'une révolution, il a été contraint de laisser le pouvoir quatre ans ensuite, en 1912, avant de redevenir empereur dès 1917, et enfin d'être capturé par les Russes à la fin de la Seconde Guerre mondiale en 1945. Il a été emprisonné puis libéré en 1959. Son histoire incroyable a été popularisée grâce à un film qui a été réalisée sur sa vie : "Le Dernier Empereur".

89 Le plus gros diamant du monde

Qui n'a jamais rêvé de posséder un immense diamant ? Eh bien c'est ce qui est arrivé au roi d'Angleterre, Édouard VII, en 1905 ! Ce diamant, c'est le Cullinan, le plus gros diamant du monde jamais découvert. Il a été nommé en l'honneur de Sir Thomas Cullinan, le propriétaire d'une mine à Pretoria, en Afrique du Sud, où il a été trouvé. Le Cullinan était extraordinairement massif, pesant plus de 600 grammes. Pour te donner une idée de sa taille, il était environ deux fois plus gros que le "Grand Mogul", le plus grand diamant connu à l'époque. Après sa découverte, il a été offert au roi Édouard VII d'Angleterre, qui l'a ensuite confié au célèbre tailleur de diamants Joseph Asscher, pour qu'il le découpe en plusieurs morceaux. La découpe du Cullinan a nécessité une grande expertise et a donné naissance à neuf diamants, le plus grand étant le Cullinan I, également connu sous le nom de "Grand Star of Africa", a été serti dans le sceptre du roi. Quant à son petit frère, le Cullinan II, également appelé "Petit Star of Africa", il a été monté sur la couronne d'Édouard et est encore aujourd'hui sur la couronne royale d'Angleterre !

90 L'Amérique coupée en deux

Sais-tu que le continent américain est en réalité coupé en deux, entre l'Amérique du Nord et l'Amérique du Sud ? Enfin "coupé", c'est un peu exagéré, mais il existe bien un canal qui a été creusé par l'homme qui traverse tout le continent dans sa largeur et qui sépare les deux parties. Ce canal, c'est le canal de Panama, qui relie l'océan Atlantique à l'océan Pacifique, ce qui évite aux navires de devoir contourner toute l'Amérique du Sud. Le projet de construction du canal a été commencé par les Français sous la direction de l'ingénieur Ferdinand de Lesseps dans les années 1880, mais il a été abandonné et repris une vingtaine d'année plus tard par les États-Unis : la construction a été une entreprise monumentale, impliquant l'excavation de tonnes de terre et la création d'un lac artificiel. Le canal a été achevé en 1914 et a révolutionné le commerce en raccourcissant considérablement les routes maritimes mondiales. Aujourd'hui, le canal a été agrandi et des milliers de navires continuent de l'emprunter chaque année.

91 Allô, c'est qui ?

À ton avis, quelle invention a révolutionné la manière dont nous communiquons ? Le téléphone, bien sûr : pour la première fois, les hommes ont pu se parler et s'écouter à distance. Cette invention extraordinaire, on la doit à Alexander Graham Bell, un scientifique et inventeur d'origine écossaise, né en 1847. Il a consacré une grande partie de sa vie à l'étude de la transmission du son et de la voix humaine. En 1876, Bell a réussi à créer le premier appareil capable de transmettre des sons de manière électronique, ce qu'il a appelé le "téléphone". L'appareil de Bell fonctionnait en convertissant les vibrations sonores en courant électrique, puis en reconvertissant ce courant en vibrations sonores à l'extrémité de la ligne. Le premier appel téléphonique historique de Bell a été fait à son assistant, Thomas Watson, avec les célèbres mots : "M. Watson, venez ici, j'aimerais vous voir." Le téléphone a lui rapidement gagné en popularité et ouvert la voie à de nombreuses autres innovations dans le domaine des communications, contribuant ainsi à façonner notre monde moderne entièrement connecté.

LA PREMIÈRE GUERRE MONDIALE

92 Le pigeon héros

Savais-tu qu'il était possible de donner des médailles à des animaux pour les honorer de leurs actes héroïques ? C'est ce qu'il s'est passé à la fin de la Première Guerre mondiale, avec un pigeon nommé "Cher Ami", qui a sauvé la vie de soldats américains. Comment ? Il était l'un des nombreux pigeons utilisés comme messagers pendant le conflit en raison de leur capacité à transporter des messages rapidement sur de longues distances. Et le 4 octobre 1918, lors de la bataille d'Argonne en France, des soldats américains se sont retrouvés piégés derrière les lignes ennemies. Les soldats étaient à court de munitions et leur situation devenait désespérée. Cher Ami fut alors choisi pour transporter un message. Il s'envola au milieu des tirs ennemis, et fut touché par une balle et blessé. Malgré sa blessure, il parvint à atteindre sa destination, portant un message qui demandait un soutien immédiat. Grâce à lui, les renforts furent envoyés à temps pour sauver les soldats piégés. Cher Ami a survécu à ses blessures, mais a perdu une patte et un œil. Il est devenu un véritable héros après la guerre, recevant des médailles et des honneurs pour son acte !

93 Le footballeur devenu officier

Parmi les hommes peu connus de la Première Guerre mondiale et dont l'influence a cependant été grande, on trouve un dénommé Walter Tull. Sans doute n'as-tu jamais entendu parler de lui, et pourtant son histoire est fascinante car Tull était un footballeur professionnel anglais qui a marqué l'Histoire en devenant le premier homme de couleur à être officier dans l'armée britannique pendant la Première Guerre mondiale. Né en Angleterre en 1888 dans une famille originaire des Caraïbes, Tull a d'abord fait carrière dans le football. Il a joué pour le club de Tottenham Hotspur, devenant ainsi le deuxième footballeur de couleur à jouer en première division anglaise. Ses compétences sur le terrain étaient remarquables, mais sa carrière a été interrompue par le déclenchement de la Première Guerre mondiale. Tull s'est alors engagé dans l'armée britannique en 1914, malgré le fort racisme de cette époque. Héroïque lors de plusieurs batailles en France, il a été décoré et est devenu officier : c'est la première fois qu'un homme de couleur devenait lieutenant !

94 Un Noël sans guerre

Même si la Première Guerre mondiale a été l'une des guerres les plus meurtrières dans l'histoire de l'humanité, elle a aussi été l'objet de plusieurs moments de paix et de fraternité. C'est le cas de la trêve de Noël en 1914, qui fut un événement extraordinaire de la guerre, où des soldats ennemis ont mis de côté leurs armes et leurs colère pour partager un moment de paix et de camaraderie. Au cours des premiers mois du conflit en 1914, les tranchées s'étendaient sur des centaines de kilomètres à travers l'Europe, créant une zone appelée "no man's land" entre les positions ennemies. Le 24 décembre, des soldats des deux côtés, Anglais, Français et Allemands, ont commencé à chanter des chants de Noël et à installer des bougies et des sapins. Ce geste de bonne volonté a incité des soldats à sortir de leurs tranchées et à s'approcher de l'ennemi. Ils ont échangé des cadeaux, des cigarettes et de la nourriture, ont chanté et certains ont même joué au football ensemble dans le "no man's land". Et même si la guerre a repris ensuite, ces événements montrent que même dans les circonstances les plus sombres de la guerre, une belle part d'humanité sommeille au fond de nous.

95 Le meilleur pilote de tous les temps

La Première Guerre mondiale a été le théâtre d'actes de bravoure dans tous les camps. Dans les batailles, bien sûr, mais également dans les airs où des combats périlleux avaient lieu. Parmi les héros de l'aviation, on trouve le Baron allemand Manfred von Richthofen, également connu sous le nom du "Baron Rouge", l'un des as de l'aviation les plus célèbres de la Première Guerre mondiale et considéré comme l'un des meilleurs pilotes du monde. Richthofen est devenu célèbre pour sa maîtrise exceptionnelle de l'art du combat aérien. On lui attribue la destruction de plus de 80 avions ennemis, un exploit remarquable à une époque où les combats aériens étaient extrêmement dangereux. Il a piloté un avion de chasse peint en rouge vif, ce qui lui a valu le surnom de "Baron Rouge". Sa stratégie préférée était d'attaquer par surprise depuis le soleil, ce qui lui a permis de remporter de nombreuses victoires. Sa carrière légendaire prit fin brutalement le 21 avril 1918 lorsqu'il fut abattu en combat aérien, à l'âge de seulement 25 ans.

La Première Guerre mondiale

La Première Guerre mondiale, aussi appelée Grande Guerre, a eu lieu de 1914 à 1918. Elle a opposé les Alliés (France, Angleterre, Russie, Etats-Unis) contre les puissances centrales (Allemagne, Autriche-Hongrie, Empire ottoman). C'est l'un des conflits les plus meurtriers de l'Histoire, causant la mort d'environ 10 millions de personnes ! Il y a eu de terribles et célèbres batailles, comme celles de la Somme ou de Verdun, et c'est la première guerre pendant laquelle on va utiliser de nouveaux armements : chars, avions... Elle a eu des conséquences importantes pour les populations et pour l'Europe, mais ne règlera malheureusement pas les problèmes et sera suivie vingt ans plus tard par la Deuxième Guerre mondiale...

96 Une invention décisive

Savais-tu que c'est pendant la Première Guerre mondiale que les chars ont été inventés ? Utilisés pour la première fois par les Anglais en 1916, ils ont marqué un moment décisif dans l'histoire de la guerre moderne. Les premiers tanks étaient de lourdes machines blindées conçues pour traverser les tranchées et les terrains difficiles du champ de bataille, offrant une protection aux soldats tout en transportant des armes. C'est le 15 septembre 1916, lors de la bataille de la Somme, que les Anglais ont déployé les premiers tanks, appelés "Mark I". Ces machines massives ont contribué à percer les lignes ennemies et à surmonter les obstacles du terrain boueux des tranchées. Bien qu'ils aient eu au début de gros problèmes techniques, les tanks ont contribué à plusieurs victoires. Et leur invention a marqué le début d'une ère nouvelle dans la guerre terrestre, avec des conséquences importantes pour les conflits futurs.

97 Les femmes combattantes

Tu as peut-être déjà entendu que, lors de la Première Guerre mondiale, les femmes ont grandement contribué à la guerre en remplaçant les hommes à l'arrière du front, notamment en travaillant dans les usines. Mais sais-tu que certaines d'entre elles ont aussi combattu ? C'est le cas en Russie, qui était confrontée à de graves problèmes pendant la guerre. Pour faire face à cette situation, certaines femmes russes, animées par un grand patriotisme et un désir de contribuer à l'effort de guerre, ont volontairement rejoint les rangs de l'armée en tant que combattantes. C'est ce que l'on a appelé "Les bataillons de la mort". Et ces femmes ont participé à des combats contre l'Allemagne, où elles ont montré une grande bravoure.

98   Des pigeons paparazzis

Oui, encore une histoire de pigeons ! Décidément, ils ont joué un rôle très important lors de la Première Guerre mondiale. Tu sais déjà que les pigeons voyageurs étaient utilisés comme moyens de communication, mais leur rôle a été étendu pour inclure la photographie aérienne. Les pigeons photographes étaient équipés de minuscules appareils photo montés sur leur poitrine, attachés à des harnais spéciaux. L'idée était que ces pigeons pouvaient être relâchés au-dessus des zones ennemies, et alors qu'ils retournaient vers leur pigeonnier, ils prendraient automatiquement des photos en déclenchant l'appareil à intervalles réguliers. Une fois de retour à leur pigeonnier, les photos étaient développées et analysées par les militaires pour obtenir des informations sur les mouvements et les positions ennemis. Et cette méthode a permis d'obtenir des renseignements importants, car les pigeons pouvaient survoler les lignes ennemies sans être détectés, contrairement aux avions d'observation !

99   Les chiens de guerre

Oui, les pigeons ont beaucoup été utilisé pendant la guerre, mais ce ne sont pas les seuls animaux à avoir aidé leur camp. En effet, les soldats se sont également servis de chiens, et ce pour plusieurs raisons ! Tout d'abord, les chiens ont été utilisés comme messagers dans les tranchées. Ils étaient souvent les moyens les plus fiables de communication dans des conditions difficiles. Ils pouvaient porter des messages entre les tranchées, traverser des terrains dangereux et apporter des secours aux soldats blessés. Les chiens ont également été formés pour détecter des substances telles que le gaz. Leur odorat sensible permettait de donner l'alerte en cas d'attaque au gaz, permettant ainsi aux soldats de se protéger rapidement. Mais ce n'est pas tout, les armées les ont aussi utilisés comme chiens de sauvetage, pour retrouver des soldats blessés ou ensevelis sous les décombres, comme chiens de patrouille pour détecter les intrus ennemis et servir de sentinelles, et enfin comme chiens de transport pour transporter de l'équipement, de la nourriture et des fournitures aux soldats sur le front. Tu comprends pourquoi on dit aujourd'hui que c'est le meilleur ami de l'homme !

100 Le naufrage mystérieux d'un navire hôpital

On l'oublie parfois, mais la Première Guerre mondiale a aussi été le théâtre de batailles navales. Et parmi les navires célèbres de cette guerre, on trouve le HMHS Britannic, un navire-hôpital anglais. Lancé en 1914, le Britannic était plus grand que le Titanic et mesurait environ 269 mètres de long ! C'était le plus grand navire de la flotte anglaise. Son rôle principal était de transporter et de soigner les soldats blessés dans les batailles de la guerre. Cependant, en novembre 1916, le Britannic a rencontré un tragique destin lorsque, dans la mer Égée, à côté de la Grèce, il a coulé. Heureusement, la plupart des membres d'équipage et des blessés ont pu être sauvé. Mais encore aujourd'hui, le mystère demeure sur les raisons de son naufrage : torpille, problème mécanique, mine sous-marine ?

Le mystère reste entier !

101 La musique sur le champ de bataille

On imagine avec raison que les champs de bataille de la Première Guerre mondiale n'étaient qu'une succession d'explosions d'obus, de mines, de tirs de fusils, et de bruits en tout genre. Mais pas uniquement. En effet, l'utilisation de la musique sur le champ de bataille était également très présente. Les soldats des deux côtés de la guerre ont trouvé du réconfort et du soutien moral dans la musique, qui a joué un rôle crucial pour maintenir le moral des troupes. D'une part, la musique était utilisée pour égayer l'atmosphère des tranchées et pour maintenir un lien avec la vie civile. Les soldats chantaient des chansons populaires de l'époque, jouaient de la musique avec des instruments rudimentaires, et organisaient des concerts improvisés. Cela servait à distraire les troupes de l'horreur de la guerre et à renforcer leur camaraderie. D'autre part, la musique avait des applications stratégiques. Les clairons, les tambours et les trompettes étaient utilisés pour transmettre des signaux aux troupes, indiquant des mouvements spécifiques ou des moments cruciaux dans la bataille. En fin de compte, la musique était très présente sur le front de la guerre, et c'est vrai que l'on a du mal à l'imaginer aujourd'hui !

102 La danseuse espionne

Parmi les histoires incroyables de la Première Guerre mondiale, celle de Mata Hari est digne d'un grand roman. De son vrai nom Margaretha Geertruida Zelle, c'était une danseuse et une espionne néerlandaise qui est devenue célèbre. Née le 7 août 1876, Mata Hari a épousé à l'âge de 18 ans un officier de l'armée hollandaise et partit avec lui pour l'Indonésie. C'est là-bas qu'elle apprit la danse exotique. Après son retour en Europe en 1902, Margaretha Zelle se rebaptisa "Mata Hari", ce qui signifie "l'œil du jour" en malais. Elle commença à se produire comme danseuse exotique à Paris et devint rapidement célèbre. Mais pendant la Première Guerre mondiale, Mata Hari fut soupçonnée d'avoir travaillé comme espionne pour plusieurs pays, notamment l'Allemagne. En 1917, elle fut arrêtée par la police française et condamnée à mort pour espionnage. Le 15 octobre, elle est exécutée. Elle avait 41 ans. Et aujourd'hui le mystère entoure toujours la véritable action de Mata Hari, dont on ignore si elle a réellement été une espionne ou non.

103 Un faux Paris

Si je te disais que le gouvernement français a cherché à fabriquer un faux Paris pour protéger la ville face aux bombardements allemands, tu y croirais ? C'est pourtant ce qu'il s'est passé à la fin de la Première Guerre mondiale. En effet, si au début de la guerre les premiers bombardements de Paris n'ont pas fait de victimes, l'aviation allemande s'est améliorée et de gros dégâts sont faits sur la capitale en 1918. Pour tromper les aviateurs allemands, les Français décident alors de construire une réplique de Paris. L'idée ? Eteindre toutes les lumières de la ville et reproduire de fausses rues avec des lumières à l'écart pour faire croire que Paris se trouvait à cet endroit. Il est prévu de construire ce faux Paris autour de trois zones : vers Saint-Denis et Aubervilliers, aux abords de la forêt de Saint-Germain-en-Laye et enfin près de Chelles. On commence même à construire une fausse gare en septembre 1918 ! Mais quelques semaines plus tard, le 11 novembre, la fin de la guerre est signée et ils ne seront jamais poursuivis. Et pour la petite histoire, ces travaux ont été commencés... après le dernier bombardement ! Mais on ne pourra pas reprocher au gouvernement français de ne pas avoir eu de la suite dans les idées !

104 À une minute près...

Tu sais peut-être que la fin de la Première Guerre mondiale a été signée le 11 novembre 1918, mettant fin à quatre années de guerre meurtrière. Ce que tu ignores sans doute en revanche, c'est que la paix a été signée à 5h30 du matin, et qu'il a été décidé que les combats s'arrêteraient à 11h le même jour, le temps que l'information arrive à tous les soldats des deux côtés. Or à quelques minutes seulement de la fin des combats, un soldat américain du nom de Henry Gunther se trouvait avec sa compagnie près de la ville de Chaumont-devant-Damvillers, en France. Sans que l'on puisse expliquer pourquoi aujourd'hui, Gunther a décidé de charger seul une position allemande malgré les ordres contraires de ses supérieurs. Il a été abattu par des tirs de soldats allemands seulement une minute avant l'armistice et la fin des combats. C'est officiellement le dernier mort de la Première Guerre mondiale, et malheureusement son sacrifice aura été inutile.

105 La zone rouge

La "zone rouge" ? Un nom bien étrange qui ferait penser à un film de science-fiction. Il s'agit en réalité d'une vaste région dévastée par les combats pendant la Première Guerre mondiale, principalement située dans le nord et l'est de la France. Elle a été en effet le théâtre de violents affrontements, avec d'intenses combats de tranchées, des bombardements incessants et l'utilisation de gaz toxiques. Cette région a été le témoin de certaines des batailles les plus meurtrières de la guerre, telles que la bataille de Verdun.

Après la fin de la guerre en 1918, la présence de munitions non explosées rendait la région dangereuse. C'est ainsi que le gouvernement français a décidé d'interdire l'accès à cette zone, le temps qu'elle soit nettoyée. Si la majeure partie l'a été, il reste aujourd'hui encore une petite partie de la zone rouge, près de la ville de Verdun, interdite d'accès. En effet, le sol y est encore très pollué par l'utilisation de gaz toxiques pendant la guerre, et de nombreux obus, grenades et munitions non explosés y sont toujours enterrés. Interdit donc d'y aller !

106 On est bien cachés, là ?

Tous les moyens sont bons pour se cacher de l'ennemi et gagner une bataille... Même les plus étonnants ! C'est ce qu'il s'est passé lors de la bataille de Passchendaele, qui s'est déroulée pendant la Première Guerre mondiale, entre juillet et novembre 1917, dans la région de Flandre, en Belgique. Cette bataille est célèbre pour la boue épaisse qui a englouti les soldats des deux côtés. Pour se protéger des tirs d'artillerie ennemis et de l'observation aérienne, les soldats britanniques ont alors eu l'idée ingénieuse de se fondre dans le paysage en se déguisant en arbres. Ils portaient des combinaisons recouvertes de branches, de feuilles et de boue pour ressembler à des éléments naturels. Et cela a fonctionné, protégeant un certain nombre de soldats des tirs d'artillerie allemands. Il fallait y penser, n'est-ce pas ?

107 Le chien héros

Nous avons déjà parlé des chiens utilisés pendant la guerre dans les pages précédentes. Parmi eux, l'un est resté célèbre grâce au rôle important qu'il a joué auprès d'une compagnie de soldats américains. Son nom ? Stubby. C'était un chien au pelage court, découvert par le soldat américain John Robert Conroy en 1917, alors qu'il était à l'université. Lorsque Conroy fut envoyé en Europe pour la guerre, il emmena Stubby avec lui en cachette. Stubby devint rapidement la mascotte de la compagnie. En effet, il avait un talent particulier pour détecter les gaz toxiques avant même que les soldats ne puissent les sentir, et il aboyait pour les avertir. Il a également repéré un espion allemand caché dans les tranchées et a sauté sur lui en aboyant, ce qui a permis de l'arrêter. Stubby a même été blessé une fois par des éclats d'obus, mais il a pu retourner aux États-Unis avec Conroy à la fin de la guerre. Il est ainsi devenu une véritable célébrité, obtenant même le grade de sergent de l'armée, et il a participé à des défilés et à des événements publics. On peut le voir encore aujourd'hui car il est empaillé dans un musée aux États-Unis.

LA DEUXIÈME GUERRE MONDIALE

108 Le porte-avion banquise

Si tu as été étonné des tactiques et des idées employées par les deux camps pendant la Première Guerre mondiale dont nous te parlons dans les pages précédentes, attends de voir celles qui ont été envisagées pendant la Deuxième Guerre mondiale ! Parmi elles, on trouve l'idée folle qu'ont eue les Anglais de construire une base navale flottante tout en glace dans le nord de l'Océan atlantique... Pour quoi faire ? Pour servir de porte-avions géant afin de protéger les bateaux des Anglais des redoutables sous-marins allemands, car il était trop compliqué d'envoyer des avions aussi loin dans cette zone perdue. Comment ont voulu faire les Anglais ? On pense d'abord à découper un bout de banquise de 600 mètres de long et de 100 de large, pensant près de 2 millions de tonnes ! Les pauvres sous-marins allemands se seraient en effet cassés les dents dessus : impossible d'y envoyer des torpilles sous-marines ! Le premier ministre anglais, le célèbre Winston Churchill est emballé par l'idée : il baptise le projet Habbakuk mais est vite refroidi quand tombe la facture : 70 millions de dollars, soit environ un milliard de nos euros actuels... Et il abandonne vite l'idée ! Dommage, on aurait bien aimé voir le résultat !

109 Les rats bombes

Des rats bombes ? Décidément, tu dois commencer à te dire que l'on te raconte vraiment n'importe quoi dans ce livre. Eh bien pourtant, on te le jure, tout ce que tu lis est vrai ! Et oui, pendant la Deuxième Guerre mondiale, on a utilisé des rats comme bombes ! Qui a eu cette idée originale ? Les Anglais, bien sûr ! Après le porte-avion banquise, cela paraît finalement presque normal. Cette idée a été mise à l'essai pour tenter de faire sauter des usines d'armement allemandes : on remplissait des rats morts avec un explosif, du plastic, afin d'en faire des objets piégés. On les disposait à proximité des usines, pensant que les nettoyeurs les ramasseraient et les jetteraient. Et qu'ainsi ils finiraient dans les chaudières des usines... où ils exploseraient. Une idée ingénieuse mais dans la réalité, la première cargaison de rats qui devaient être utilisés a été interceptée par les Allemands, et les Anglais ont alors abandonné le projet.

110 Des chauves souris incendiaires

Et puisque nous sommes dans les projets fous qui utilisent des animaux, pourquoi ne pas parler de cette idée de l'armée américaine de se servir de chauves-souris comme bombes ? Après tout, ce n'est pas si différent des rats. Et encore une fois, le test ne fut guère concluant ! Tout commence en 1942, lorsqu'un scientifique propose au président américain, Franklin Roosevelt, de transformer des chauves-souris en bombes et de les envoyer sur le Japon, ennemi des États-Unis pendant la guerre. Le président approuve et on commence alors à développer des petites bombes d'une dizaine de grammes. Les bâtiments du Japon étant alors majoritairement construits en bois, on pense qu'on peut y mettre le feu et semer la destruction. Les premiers tests sont concluants et un jour, par accident, les chauves-souris bombes mettent même le feu à une base aérienne américaine ! On va jusqu'à construire un faux village japonais pour voir si cela peut fonctionner : et cela marche, les chauves-souris l'incendient. On développe alors une sorte de porte-bombes capable de contenir 1000 chauves-souris, que l'on lancerait depuis un avion et qui s'ouvrirait en l'air, permettant aux animaux de se disperser. Mais ce lancement ne verra jamais le jour, car son développement est trop long. La fin de la guerre approchant, ce projet est donc lui aussi abandonné…

111 Une danseuse espionne, encore !

Tu vas finir par croire que toutes les danseuses sont des espionnes ! C'est presque vrai ! En tout cas, une autre danseuse célèbre a joué un rôle dans la Seconde Guerre mondiale : Josephine Baker, célèbre danseuse et chanteuse française, mais née aux Etats-Unis. Elle est devenue une star de la danse à Paris dans les années 1920, et pendant la guerre, elle a utilisé sa notoriété et ses voyages pour lutter contre l'occupation allemande en France. En effet, Josephine Baker est devenue une espionne pour les services secrets français : elle a utilisé ses déplacements en Europe et en Afrique pour collecter des informations sur les militaires allemands, a dissimulé des messages secrets dans ses partitions de musique, ainsi que sur ses partitions de danse, et les a transportés de manière discrète. Josephine Baker a également aidé à cacher des résistants et des Juifs dans sa maison dans le sud-ouest de la France. Pour toutes ses actions, elle a été décorée après la guerre.

La Deuxième Guerre mondiale

La Deuxième Guerre mondiale est la dernière grande guerre que le monde ait connu. Elle commence seulement vingt ans après la Première, et est déclenché en 1939 lorsque l'Allemagne d'Adolf Hitler envahit la Pologne. En réaction à cette agression, le Royaume-Uni et la France ont déclaré la guerre à l'Allemagne, marquant le début du conflit. Cette guerre va durer six ans, jusqu'en 1945, et elle n'épargnera que peu de pays et de régions dans la monde. Elle se termine avec l'explosion des deux bombes atomiques sur le Japon et la défaite de l'Allemagne et de ses alliés. Elle est à ce jour la guerre la plus meurtrière de l'Histoire avec environ 50 millions de morts. Le monde entier espère que l'on ne revivra plus jamais cela.

112 Le parachutiste accroché à une église

Tu sais peut-être que la fin de la Seconde Guerre mondiale et la libération de la France commencent avec un événement majeur de la guerre : le débarquement des forces alliées en Normandie le 6 juin 1944. Pendant ces opérations importantes, il est arrivé une drôle de mésaventure à un soldat américain du nom de John Steele, membre d'une compagnie de parachutistes. En effet, lors du parachutage de sa compagnie sur une petite ville française défendue par les Allemands, Sainte-Mère-Église, Steele a connu une situation dramatique. Son parachute s'est accroché au clocher de l'église de la ville, le laissant suspendu à une grande hauteur et exposé aux tirs ennemis. Il décide alors de faire le mort pour ne pas qu'on lui tire dessus. Ce n'est que plusieurs heures plus tard que deux soldats allemands, apercevant certains de ses mouvements, le décrochent. Quelques jours plus tard, sans que l'on sache s'il a été libéré ou s'il est parvenu à s'enfuir, il parvient à retrouver l'armée américaine et continuera à se battre jusqu'à la fin de la guerre. Et tu sais quoi ? Sur le clocher de l'église de Sainte-Mère-Église, la ville a accroché en souvenir de John Steele un parachute et un mannequin, qui existe toujours. Si tu vas dans la région, n'hésite pas à aller le voir !

113 Une histoire de famille

Tu as sans doute entendu parler d'Adolf Hitler, le dictateur qui dirigeait l'Allemagne pendant la Seconde Guerre mondiale. Eh bien aussi étonnant que cela puisse paraître, Hitler avait un neveu qui ne partageait pas du tout les idées de son oncle et a même combattu contre lui. Son nom ? William Patrick Hitler, né en 1911 en Angleterre. William était le fils du frère d'Adolf Hitler et d'une femme irlandaise. Pendant les années 1930, il a travaillé en Allemagne mais il est rapidement devenu mécontent de ce que devenait son pays et il en est parti en 1939 pour éviter d'être enrôlé de force dans l'armée. William Patrick Hitler s'est alors installé aux États-Unis, où il a volontairement changé son nom de famille en "Stuart-Houston" pour rompre tout lien avec son oncle et sa famille. Et pendant la Seconde Guerre mondiale, il a servi dans l'armée américaine, notamment dans la marine. Après la guerre, William Patrick Hitler a vécu discrètement aux États-Unis, s'est marié et a eu des enfants, et a toujours refusé de donner des interviews sur sa relation avec son tristement célèbre oncle.

114 Quel âge avez-vous ?

Sais-tu que tu as presque l'âge d'un enfant qui a combattu pendant la Seconde Guerre mondiale ? Comment est-ce possible ? À cause d'un mensonge. Cet enfant, à peine adolescent, s'appelle Calvin Graham. Il est né en 1930 au Texas, aux États-Unis, et il avait seulement 12 ans lorsqu'il a rejoint la marine américaine en 1942. Comment il a fait ? Il a menti sur son âge au moment de s'engager, prétendant avoir 17 ans, et il a réussi tous les tests de l'armée ! Graham a été envoyé un célèbre navire de guerre, le USS South Dakota, où il a participé à des batailles navales importantes dans le Pacifique. Au cours de son service, il a même été blessé plusieurs fois, notamment lorsqu'un obus a frappé son navire. C'est sa mère, qui, inquiète, a écrit aux autorités militaires pour leur révéler l'âge de son fils. Un an après s'être engagé, en 1943, l'armée américaine l'a donc renvoyé chez lui, après lui avoir fait subir une cérémonie humiliante et lui avoir retiré les médailles qu'il avait gagnées. Ce n'est que bien des années plus tard que l'on reconnaîtra sa valeur : on lui accordera une certaine somme d'argent et on lui rendra les médailles qu'on lui avait retirées !

115 Une guerre qui dure toujours !

Peut-être as-tu déjà lu ou appris que la fin de la Seconde Guerre mondiale a eu lieu le 8 mai 1945, avec la capitulation de l'Allemagne. Dans le Pacifique, le Japon a lui reconnu sa défaite le 2 septembre 1945, après le lancement des bombes atomiques sur Hiroshima et Nagasaki par les États-Unis. À partir de cette date, les combats cessent et le monde connaît de nouveau la paix. Cependant, deux pays ne vont pas réussir à s'entendre : la Russie et le Japon. En effet, à la fin de la guerre, la Russie va s'emparer d'îles qui appartenaient au Japon, les îles Kouriles, et les négociations pour conclure un traité de paix entre les deux pays et régler cette dispute n'ont pas abouti. Et ce problème n'a jamais été résolu depuis, chaque pays défendant sa position ! Ainsi, le Japon et la Russie n'ont jamais signé de traité de paix mettant fin à la Seconde Guerre mondiale, et même s'il n'y a plus eu de conflit armé ou de bataille entre ces deux pays, ils sont théoriquement toujours en guerre depuis plus de 70 ans !

116 Un triste bilan

Parmi les faits incroyables de la Seconde Guerre mondiale, il y en a que l'on aimerait passer sous silence. C'est le cas de son bilan. À ce jour, et on espère qu'elle le restera, c'est la guerre la plus meurtrière qui ait jamais eu lieu dans l'histoire de l'humanité. On estime qu'il y a eu environ 60 millions de morts : c'est plus que la population de l'Espagne et de l'Italie aujourd'hui, et presque celle de la France ! Parmi ces victimes, il y aurait eu environ 40 millions de civils, c'est-à-dire toutes les personnes qui n'étaient pas des soldats. La Russie, qui a mobilisé une grande partie de sa population pour combattre l'Allemagne nazie, fait partie des pays les plus touchés. On estime que près de 11 millions de militaires russes sont morts pendant la guerre, auxquels il faut ajouter environ 15 millions de civils. Ainsi la Russie, avec 26 millions de personnes, a été le pays le plus touché en termes de pertes humaines.

Des chiffres qui font froid dans le dos et qui nous prouvent encore une fois la folie qu'a été cette terrible guerre.

117 On joue au Monopoly ?

Connais-tu le Monopoly ? Ce jeu dans lequel il faut acheter des rues et ensuite construire des hôtels et des maisons dessus ? Tu y as peut-être déjà joué. En tout cas, c'est l'un des plus vieux jeux de société : il existe depuis plus de 100 ans ! Et pourquoi nous t'en parlons ici ? Car une histoire incroyable est liée à ce jeu pendant la Seconde Guerre mondiale. En effet, les services secrets anglais ont eut l'idée d'envoyer des colis de secours aux prisonniers de guerre anglais qui

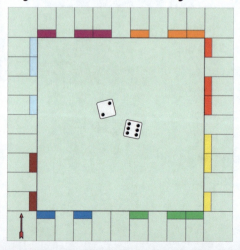

étaient dans des prisons allemandes. Dans ces colis, il y avait plusieurs choses, dont des jeux de société comme le Monopoly. Et les Anglais ont utilisé ces jeux pour dissimuler des cartes, de l'argent, des plans d'évasion et d'autres outils nécessaires pour aider les prisonniers de guerre à s'échapper. Ces versions modifiées du Monopoly étaient créées avec soin pour ressembler aux versions ordinaires du jeu. Les cartes d'évasion dissimulées dans le Monopoly contenaient notamment des informations et des instructions pour aider les prisonniers de guerre à planifier leur évasion. Et certaines ont réussi !

118 Des chars gonflables

Tu sais maintenant que les premiers chars ont été inventés pendant la Première Guerre mondiale par les Anglais. Pendant la Deuxième Guerre mondiale, ils ont été améliorés et ont largement contribué aux victoires dans les deux camps. Et on les a tellement améliorés que certains chars ont été construits en… caoutchouc. Peux-tu imaginer des chars gonflables ? C'est assurément encore une drôle d'idée. Et pourtant, c'est que les Anglais ont fait. Mais pas pour se battre, non. Pour tromper les Allemands. En effet, les Alliés ont mis en place une opération de désinformation pour cacher aux Allemands le lieu du débarquement en Normandie, le 6 juin 1944. Il s'agissait de faire croire aux Allemands que le débarquement aurait lieu dans le Pas-de-Calais, beaucoup plus au nord de la France que la Normandie. Pour cela, les anglais ont notamment construits des tanks en caoutchouc qu'ils ont placés le long de la côte pour tromper les avions allemands. Ces derniers ont ainsi été amenés à croire que le débarquement principal aurait lieu plus au nord. Malins, c'est Anglais, n'est-ce pas ?

119 Comment ça, la guerre est finie ?

Parmi les histoires incroyables de la Seconde Guerre mondiale, celle-ci arrive assurément dans le haut du classement. Elle concerne un soldat japonais, Hiro Onoda, qui était officier de l'armée pendant la guerre. Il a été envoyé sur une île dans les Philippines, Lubang, en 1944 pour mener des opérations contre les Américains. Après la défaite du Japon en 1945, Onoda et son petit groupe de soldats ont refusé de croire que la guerre était terminée. Ils ont continué à se cacher dans la jungle de l'île, menant des opérations de guérilla et survivant grâce à des pillages et à la chasse. Onoda croyait fermement aux ordres qu'il avait reçus avant la fin de la guerre, qui lui ordonnaient de continuer à combattre. La guérilla d'Onoda a duré pendant près de 29 ans, jusqu'à ce qu'en 1974, un étudiant japonais nommé Norio Suzuki se rende sur l'île de Lubang pour essayer de trouver Hiro Onoda et lui annoncer que la guerre était terminée. Après de longues discussions et la recherche d'anciens officiers pour confirmer la fin de la guerre, Onoda a enfin accepté de se rendre le 9 mars 1974 ! Après son retour, il a écrit un livre sur son expérience intitulé "No Surrender: My Thirty-Year War."

120 Vous êtes sûrs qu'il vole ?

Si l'on te dit qu'un pays a inventé un étrange avion pendant la guerre, à qui penses-tu ? Aux Anglais, bien sûr ! Après tout ce que l'on t'a appris sur les inventions anglaises, ce n'est pas étonnant ! Cette invention, c'est un avion de combat, l'avion Mosquito, et l'une de ses caractéristiques les plus incroyables était sa construction principalement en bois. Cela a permis au Mosquito d'être plus léger et plus rapide que de nombreux autres avions de combat de l'époque. En raison de sa vitesse, de sa maniabilité et de son altitude de vol élevée, il a été largement utilisé pour des missions de reconnaissance photo, de bombardement de précision et d'attaque au sol. Il était également utilisé pour des missions spéciales telles que la lutte anti-sous-marine. Sa vitesse ? Plus de 600 km/h, ce qui en fait l'un des avions les plus rapides de la Seconde Guerre mondiale. Après la guerre, le Mosquito a continué à être utilisé par plusieurs forces aériennes à travers le monde, bien qu'il ait été progressivement retiré au fur et à mesure que de nouveaux avions ont été développés. Certains exemplaires ont même été convertis pour des rôles civils, tels que le transport de passagers.

121 Le brouillard artificiel

Nous t'avons déjà parlé du débarquement de Normandie, en juin 1944, qui a permis le débarquement des forces alliées, notamment américaine, anglaise et française, afin de libérer la France et de repousser les Allemands. Lors de cette opération, les Anglais (oui, encore eux !) ont utilisé une technique qu'ils avaient mise au point : le brouillard artificiel. Il s'agissait d'une technique de camouflage qui consistait à créer un épais nuage de fumée artificielle pour dissimuler des cibles importantes, telles que des navires, des usines de production ou des bases militaires. Le brouillard artificiel était produit à l'aide de générateurs de fumée qui brûlaient des produits chimiques spéciaux, pour créer une fumée dense et opaque. Et il a notamment été utilisé lors du débarquement de 1944, produit par des avions qui ont permis de cacher les navires anglais qui s'apprêtaient à débarquer.

122 Le pilote sans jambes

L'histoire que nous te racontons ici montre à quel point il nous est possible de réussir quand on fait preuve d'une détermination sans faille. Cette histoire, c'est celle de Douglas Bader, un pilote de chasse anglais pendant la Seconde Guerre mondiale. Né en 1910, Douglas Bader a d'abord servi dans l'aviation anglaise avant la guerre, mais il a dû subir l'amputation de ses deux jambes en dessous des genoux après un accident d'avion en 1931. Malgré cette grave blessure, Bader était déterminé à voler à nouveau. Après un entraînement intensif et l'obtention de prothèses spéciales, il a réussi à réintégrer l'aviation anglaise en 1939, au début de la guerre. Bader est devenu un as de l'aviation de chasse, remportant de nombreuses victoires contre les avions ennemis. Il est devenu célèbre pour sa ténacité et sa bravoure au combat. En 1941, il a été capturé par les forces allemandes après avoir été abattu au-dessus de la France. Et pendant sa captivité, il a continué à essayer de s'évader à plusieurs reprises, à tel point que les Allemands ont dû lui confisquer ses prothèses ! Libéré et devenu un véritable héros après la guerre, il a s'est battu en faveur des droits des personnes handicapés et a reçu la plus haute distinction de la part de la reine d'Angleterre.

123 Oh non, pas encore !

Nous t'en avons déjà parlé dans les pages précédentes, mais peut-être le savais-tu déjà, la fin de la Deuxième Guerre mondiale a été marquée par le lancement de deux bombes atomiques, des bombes d'une puissance incroyable, sur le Japon. Plus précisément, sur les villes de Hiroshima et Nagasaki, les 6 et 9 août 1945. Et un Japonais, Tsutomu Yamaguchi, était présent lors de ces deux explosions, et il a survécu ! Yamaguchi était un ingénieur qui s'occupait de la construction de bateaux. Le 6 août 1945, il était en voyage à Hiroshima lorsque la première bombe atomique a été larguée par les États-Unis. Il a survécu à l'explosion en se trouvant à une distance suffisante du point d'impact pour ne pas être tué instantanément, bien qu'il ait été gravement brûlé et blessé. Après le bombardement d'Hiroshima, Yamaguchi est retourné chez lui à Nagasaki, sa ville natale, le 9 août 1945. Malheureusement, c'est ce jour que la deuxième bombe atomique a été larguée. Encore une fois, il a survécu à l'explosion, bien que ses blessures se soient aggravées. On peut dire qu'il a eu beaucoup de chance ! Il passera ensuite de nombreuses années de sa vie à raconter son histoire et à se battre pour prévenir des dangers de l'arme nucléaire. Il mourra finalement en 2010, à l'âge très respectable de 84 ans.

C'EST ICI QUE S'ACHÈVE NOTRE TOUR D'HORIZON DES GRANDES PÉRIODES DE L'HISTOIRE ET DE LEURS FAITS EXTRAORDINAIRES ET INCROYABLES !

AS-TU APPRIS DES CHOSES ?

QUELLE HISTOIRE AS-TU PRÉFÉRÉE ?

N'HÉSITE PAS À NOUS CONTACTER POUR NOUS LE DIRE, CELA NOUS FERAIT TRÈS PLAISIR !

EN ESPÉRANT BIENTÔT TE RETROUVER POUR DE NOUVELLES HISTOIRES EXTRAORDINAIRES !

Les P'tits Pirates

Votre avis nous intéresse !

Les P'tits Pirates Éditions sont une petite maison indépendante spécialisée dans les cahiers d'activités et de jeux pour enfants. Nos livres ne sont pas accessibles en librairie car nous avons fait le choix de nous autoéditer sur Amazon pour nous libérer des contraintes de l'édition. Ainsi, votre avis nous intéresse !

Pour toute remarque ou suggestion, vous pouvez nous contacter à l'adresse suivante :

petitspirateseditions@gmail.com

Nous répondons à tous les messages !

Enfin, si vous avez aimé nos livres, n'hésitez pas à mettre un commentaire sur Amazon. Ils nous aident à nous faire connaître, à gagner en visibilité, et nous poussent à nous lancer de nouveaux ouvrages !

À très bientôt !

Printed in France by Amazon
Brétigny-sur-Orge, FR